MENTIRAS E ILUSIÓN DE UN PUEBLO ENGAÑADO

*Esto se lo dedico a todos aquellos que
Sufren las desavenencias de unos pocos locos, a esos
Catalanes que quieren Cataluña y que luchan porque
La verdadera democracia siga adelante y puedan vivir en
Paz, donde las mentiras no sigan haciendo daño a su tierra.
Por esos catalanes que se sienten españoles y no quieren abandonar
Su país, España.*

"Generalmente nos inclinamos más a creer lo malo que lo bueno, a exagerarlo sin visible causa." KARL VON CLAUSEWITZ

INDICE

1. INTRODUCCIÓN

Me dispongo a escribir este libro porque hoy en día, a pesar de las nuevas tecnologías, todavía hay gente que no tiene muy claro lo que es un nacionalismo y el peligro que supone esta ideología para una sociedad globalizada como la que poseemos nosotros en el siglo XXI.

Cuando pensábamos que aprenderíamos de los errores del pasado, que no repetiríamos las ideologías destructivas creadas en el siglo XIX, con apogeo en el siglo XX, como el nacionalismo o el comunismo, de pronto nos encontramos que en España se ha estado gestando durante casi 40 años (tiempo que también abarca la vejez de la Constitución española de 1978), un nacionalismo que ha demostrado que no tiene nada que envidiar a los nacionalismos del siglo XX y que si no pueden, en parte, llegar a conseguir sus deseos y ambiciones, es debido a una sociedad con más acceso a la información y más globalizada que apuesta por compartir alrededor del mundo, que crear muros.

Y la gente se preguntará: ¿Por qué hablar del nacionalismo catalán? ¿Por qué hablar de nacionalismo catalán si la autora no es catalana? ¿Qué peligro puede tener el nacionalismo catalán? ¿Acaso no tienen derecho, como seres humanos y "democráticos" de elegir dónde quieren vivir?

Y para todo hay una respuesta, que intentaré dar basándome en datos, en mi propio conocimiento y en las experiencias que yo, como ser humano y lectora y asidua de las redes sociales, vislumbro en personas de Cataluña, pues escuchando y leyendo a estas personas te das cuenta que algo hay que no se cuenta, que hay una verdad más oscura y engorrosa que los medios, el gobierno de España y los independentistas quieren negar y no dejar ver (no podemos negar que este es un error que el ser humano ha repetido a lo largo de la historia) para no crear alarma social o dar una imagen irreal de la situación del país y del alcance del problema hasta que ya sea demasiado tarde o, bien, desaparezca por sí solo, como arte de magia, como si los problemas de tal calibre pudiesen desaparecer con sólo desearlo.

Y, os preguntaréis. ¿Por qué el nacionalismo catalán? ¿Por qué no el vasco? ¿Por qué no el español? ¿Por qué no el de otros países de Europa?. Pues es sencillo, porque soy una apasionada de la II Guerra Mundial y siempre me he preguntado por qué existió el nazismo, como pudo llegar a su poder, qué se le pasaba a los alemanes por la cabeza para estar tan controlados por un líder que no pensaba en ellos, que acabó haciendo barbaridades como la "solución final". Y todo ello me lleva a que estoy viendo características parecidas del nacionalismo alemán con el catalán, que, sinceramente, siento alarma y preocupación por las manifestaciones que se están produciendo y que, por desgracia, mucha gente en

España desconoce realmente y, por supuesto, Europa y el mundo entero.

El nacionalismo vasco fue el detonante de la banda terrorista ETA, comenzaron mal, comenzaron con la violencia y con violencia las exigencias no valen y no valen para conseguir lo que se quiere a menos que tengas poder para conseguir tus metas. El caso vasco tuvo la violencia, pero no el poder.

El nacionalismo Español, fue un movimiento que se dio durante la primera etapa de la dictadura del General Francisco Franco (décadas de los 40 a los 50), con características similares a la del nacionalismo catalán, pero por suerte, esa etapa pasó, España es un país democrático, aprendimos de ese error y Francisco Franco está muerto y enterrado.

En este libro intentaré desmantelar el nacionalismo catalán, sus mentiras, su manipulación y como todo nacionalismo, tiene su inicio y base en una mentira o falsedad que se intenta ajustar para conseguir un fin:

el que unos pocos se enriquezcan y consigan poder mientras el pueblo vive manipulado y engañado con ideas como la identidad, el odio, el racismo y las fronteras.

*"Nadie puede hacer el bien en un espacio de su vida,
mientras hace daño en otro. La vida es un todo indivisible."*
GANDHI

1. NACIONALISMO

No podemos hablar de nacionalismo, sin antes saber qué es lo que significa y qué supone para las personas en cualquier sociedad.

El nacionalismo es una ideología y movimiento sociopolítico que surgió junto con el concepto de Nación y Estado, durante la Edad Contemporánea, en las llamadas "era de las Revoluciones" propias del siglo XVIII y XIX (Revolución industrial, Revolución burguesa, Revolución liberal). El nacionalismo está orientado hacia el desarrollo y el mantenimiento de una identidad nacional basada en características como la cultura, el idioma, la raza, la religión, los objetivos políticos o la creencia en un ancestro común. A menudo también implica un sentimiento de orgullo por los logros de la nación, y está estrechamente relacionado con el concepto de patriotismo (aunque no llegan a ser sinónimos). En ciertos casos, el nacionalismo llegó a la consideración de que el gobierno de dicho territorio debería controlar a la población, medios de producción y el control administrativo.

El término nacionalismo se aplica tanto a las doctrinas políticas como a movimientos nacionalistas: las acciones colectivas de movimientos sociales y políticos tendientes a lograr las reclamaciones nacionalistas.

En ocasiones también se llama nacionalismo al sentimiento de pertenencia a una nación, en principio identificable con el patriotismo, pero distinto si va más allá del sentimiento e incorpora contenido doctrinal o acción política en un sentido concreto.

En el siglo XX se produce una renovación del nacionalismo, en el periodo de entreguerras, vinculado al proceso de descolonización y al tercermundismo. Cuando la caída de los grandes imperios provocó, en ocasiones, una recuperación del sentimiento nacionalista debido a las crisis (como la del crack del 29) y a la pérdida del territorio que daba ganancias. Caso fue el de Alemania y el de Italia, donde debido a la situación de crisis económica y social, se aferraron al sentimiento de una sola identidad y un solo pueblo.

El caso español, después de la Guerra Civil española, tuvo sus matices diferenciadores que no se vieron afectados por el crack del 29 ni tampoco a la pérdida de territorios, sino, que, echando un vistazo a la historia de España, es basado este nacionalismo a la inestabilidad política y social que desembocó en la Guerra Civil y en el deseo de Francisco Franco de hacer una nación fuerza y unida.

Ciertos teóricos, como Benedict Anderson, afirmaron que las condiciones necesarias para el nacionalismo incluyen el desarrollo de la prensa y el capitalismo. Los conceptos de nación y nacionalismo son fenómenos construidos dentro de la sociedad, llamándolos comunidades imaginadas.

Y, como, Ernest Gellner, acertadamente añade al concepto de nacionalismo: "el nacionalismo no es el despertar de las naciones hacia su conciencia propia: es inventa naciones donde no las hay".

Causas y elementos comunes en todo tipo de nacionalismo:

- Pertenecer a una nación cultural, económica o políticamente fuerte

- Da sensación de pertenencia a las personas, agradable en el sentido de pertenencia a una sociedad que le satisface como persona diferente a otras y sin dar importancia a la fuerza de contribución de dichas personas.

- Cuando miembros sienten atacados o amenazados por otra comunidad, Estado o religión, e incluso, como respuesta a otros nacionalismos.

- Sentimiento de superioridad frente a otras comunidades o etnias, debido a su cultura, idioma, religión, color de piel o diferencia de pensamiento.

- Elegir elementos culturales como el idioma, la gastronomía, costumbres, etc., ya sean propios o usurpados de comunidades menores con tal de formar su idea de ideal cultural que les haga pertenecientes a la "nueva nación".

- Necesidad de expansión (centrípeta) por aquellos territorios que comparten idioma, historia o cultura para anexionarlos en la idea del "nuevo estado".

- Necesidad de separación de un Estado al que pertenecen (nacionalismo separatista), debido a que se "sienten" oprimidos, invadidos o que carecen de la superioridad cultural, idiomática o racial del Estado al que pertenecen.

- Basan su creación y expansión usando los sentimientos de las personas para la creación de la "nación", bien siendo las causas reales o no, para conducirlas hacia el ideal de Estado libre e independiente.

- Uso de símbolos que permitan mostrar a la sociedad nacionalista como única y diferenciadora, ya sea una bandera, un himno, un idioma, un color, cierta costumbre, etc.

- Hasta la fecha no hay un solo nacionalismo político que haya resultado ser democrático (no confundir nacionalismo con patriotismo o sentimiento de descolonización). Los casos más sonados fueron los de Alemania nazi, la Italia de Mussolini, la España de Franco, todos en el siglo XX.

Como se puede apreciar, muchos de estos elementos son perfectamente visionados en el caso sobre el nacionalismo catalán y que veremos posteriormente.

*"Cargar sobre el adversario los propios errores o defectos,
respondiendo el ataque con el ataque. Si no puedes negar las malas noticias, inventa otras que las distraigan."*
JOSEPH-GOEBBELS

2. NACIONALISMO ALEMÁN

Seguramente te estarás preguntando por qué me centro en el nacionalismo catalán y no tengo en cuenta otros nacionalismos. Bien, pues la respuesta es bastante simple, hay un componente de supremacismo y racismo de fondo en el nacionalismo catalán que merece la pena que recordemos algunos puntos del nacionalismo alemán para comprender qué es lo que está pasando en Cataluña.

Debemos recordar que antes de que se desvelase la mayor tragedia genocida de la humanidad con la "solución final" contra los judíos, los nazis hicieron una serie de realizaciones, hechos y actitudes que a pesar de ser visibles, no se las dio demasiada importancia, ni en el periodo de entreguerras ni durante la II Guerra Mundial, y a nivel social, político y económico supuso un gran golpe y afectación de los habitantes de Alemania en diferente grado.

Así, ya una vez establecido "por qué" de esta comparación, pasaré a relataros lo que es el nazismo, brevemente, puesto que, quien más o quien menos, sabe la historia del nazismo y todo lo que hizo.

El nazismo fue un movimiento político y social originado en la Alemania posterior a la Primera Guerra Mundial, en torno a las décadas de 1920 y 1930, cuando ascenderá al poder político y dirigirá los destinos del país hasta 1945.

Se fundamentó en una ideología racial, política, económica y cultural desarrollada por sectores de pensamiento radical, reunificados en torno al descontento imperante en la época y al naciente partido Nacional Socialista Obrero Alemán (NSDAP), que luego habría de dirigir Adolf Hitler. Si, señores, al parecer este partido de derechas tenía su nombre parecido al PSOE (aunque éste es de izquierda, pero no olvidemos que tanto el nacionalismo como el comunismo proceden de la misma base, el socialismo, solo que cada uno tomó sus propias características en función de aquello a lo que defendiese y se centrase).

Por nazismo se alude a todo lo referido a este movimiento, desde sus inicios y sus ansias por el poder, así como su régimen de gobierno y sus proyectos expansionistas de restauración imperial (el autoproclamado III Reich, resultado del descontento desconolonizador tras la I Guerra Mundial y el ser Alemania un país humillado al perder la guerra), y en particular a sus métodos represivos, autoritarios, segregacionistas y genocidas, o a su filosofía de supremacía aria y darwinismo étnico.

El término "nazi" proviene de la contracción de Nationalsozialismus, nombre que los miembros del partido hitleriano dieron a su modelo de gobierno: el Nacionalsocialismo. Este término nunca fue usado por los propios nazis para designarse, sino que fue de invención extranjera. Hoy en día se emplea como más o menos sinónimo de racismo extremo, intolerancia a la diferencia y extremismo segregacionista, o sea, la extrema derecha para cualquier Parlamento o Congreso.

El nazismo, como movimiento social y político, surge debido a la derrota alemana en la Primera Guerra Mundial, cuyo armisticio (el "Tratado de Versalles") le impuso a la nación una sanciones, multas y restricciones, por parte de los vencedores, que le impidieron prepararse para enfrentar la Gran Depresión de 1929, una crisis económica que afectó a gran parte del mundo y tuvo su inicio en Estados Unidos.

Con la sensación de que los alemanes, debido a la democracia de la posguerra les había convertido en personas sin capacidad de lucha y orgullos por su patria, y que el pueblo estaba hundido en una crisis económica y social, con cierto sectores políticos que se mantenían a flote, todo ello llevó a una pérdida de la fe en la democracia y un giro de pensamiento y simpatía hacia regímenes autoritarios que les prometían el fortalecimiento de su identidad nacional. ¿Os suena, verdad?

Ejemplo de tres países: Italia, Japón y Alemania, que serían gobernados por regímenes fascistas y todos ellos aliados en la Segunda Guerra Mundial, que desencadenarían a finales de la década del 30. España no participó directamente en la II Guerra Mundial y, le pese a quien le pese, en la década de los 50 la dictadura franquista dejó de ser fascista para ser autárquica, debido a que había caído el fascismo, quería quitar la mala imagen del régimen español, que siguió siendo una dictadura, pero mucho menos restrictiva de la que pensamos. Cualquier abuelo nuestro o anciano, podría contarnos historias de sus vidas en la década de los 60 y 70.

El nazismo desde sus comienzos, se mostró como una ideología ultra nacionalista, es decir, la preservación de la identidad nacional por encima de todo, y contra aquellos que Hitler denominó los "enemigos internacionales" como serían los países como Gran Bretaña, Rusia o Estados Unidos, tratados de traidores por supuestas conspiraciones "judeo-marxistas" y, por supuesto, el odio a los judíos, que según los nazis, robaban el dinero al pueblo.

El régimen nazi propuso y construyó un modelo político que centralizó todo el poder en algo parecido a un Estado absolutista, totalitario y monopartidista, cuyas metas eran la organización y conducción de la sociedad completa, imponiendo la militarización y partidización de las instituciones, así como el culto a la personalidad del caudillo o führer, de quien emanaba toda la autoridad y el poder.

Adolf Hitler en uno de sus discursos.

Ahora, pasamos a relatar brevemente lo que supuso la ideología racial y la "solución final" mediante el holocausto judío. Los nazis utilizaron el darwinismo social y la teoría evolutiva a través de la selección natural para distinguir entre dos tipos de seres humanos: los übermenschen ("hombres superiores") y los untermenschen ("hombres inferiores").

Imagen de judíos en un campo de concentración

Según su interpretación de la naturaleza social de la humanidad, los übermenschen estaban destinados a crecer, gobernar y multiplicarse, mientras los untermenschen debían extinguirse, por inercia de su propia debilidad e impureza. Con esta idea central, el nazismo fue un movimiento pangermanista, que buscaba reunificar a los pueblos de raza alemana en una sola gran nación imperial destinada a la grandeza. Su desprecio por las "razas inferiores" o "razas impuras", así como su antisemitismo, terminaron convirtiéndose en políticas de Estado que condujeron a una de las peores masacres de la Historia universal contemporánea.

El nazismo no pudo presumir de un proyecto económico satisfactorio y que funcionase, el mismo Hitler reconoció que no poseía una teoría económica a la cual apegarse. Los nazis se organizaban más hacia el voluntarismo y a las decisiones tomadas directamente del führer, que el de poseer una planificación estratégica de una economía. Así, dieron libertad a la propiedad privada (siempre en manos arias) y dirigieron, pero no administraron, la economía desde el Estado.

Hacia el final de sus días, no obstante, el nazismo dependía del aprovechamiento de la "mano de obra barata" (en realidad esclavizada), de los judíos que estaban presos en los Campos de Concentración, para fomentar la producción de las industrias nacionales (principalmente industria pesada para armamento y metalúrgica).

Uno de los preceptos más peligrosos del nazismo fue su intención de ampliar el *lebensraum* ("espacio vital") de Alemania, "recuperando" territorios que sentía le habían sido históricamente arrebatados, como los sudetes o Austria, la cual fue anexada en 1938 al III Reich alemán sin resistencia alguna por parte de su población (la anschluss). Este hecho terminaría por justificar en intento de Alemania de conquistar Europa y seguramente el mundo entero.

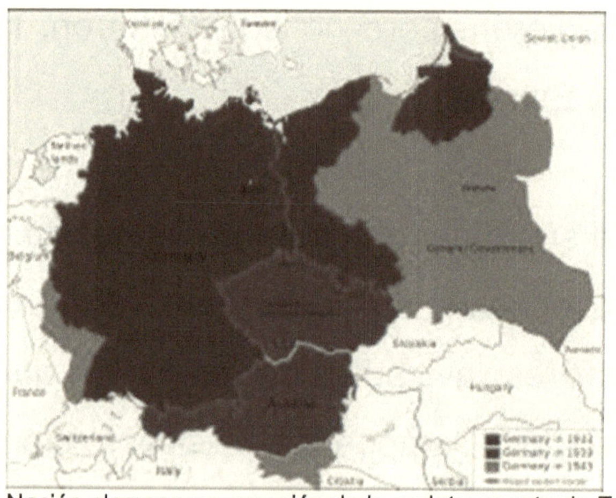

Nación alemana y ocupación de lo sudetes y este de Europa

El nazismo aprovechó la crisis permanente de la República de Weimar para instigar al pensamiento anti democrático y asediar a sus opositores mediante grupos de choque (las SA o "camisas pardas"), intentando (y fallando) un Golpe de Estado en 1923 que terminó con parte de ese grupo armado y salvándose Hitler por los pelos y como sabemos, terminó cinco años en prisión y salió antes de tiempo por buena conducta (tiempo que escribió su famoso libro "mi lucha").

Grupo de "camisas pardas".

Un posterior vuelco a la derecha alejaría al partido de algunos seguidores, pero le ganaría el favor de muchos sectores derechistas, que accedieron a financiar el partido. Así, en las elecciones parlamentarias siguientes, el nazismo obtuvo una representación mayor de la esperada (37% del voto popular) y condujo a Adolf Hitler a la palestra política.

Luego de ser asignado como canciller alemán, Hitler ordenó la reelección del parlamento y la posterior quema del edificio (la famosa quema del Reichstag), para justificar la imposición de un estado de emergencia y la asunción de poderes dictatoriales para controlar la crisis. Poco después, los partidos de oposición serían ilegalizados.

Como sabemos, cualquier régimen totalitario o nacionalista tiene sus propios símbolos. En el caso del nazismo fue la esvástica. Así mismo, el nazismo se identificó con una estética militarizada, con uniformes imperiales, así como algunos símbolos de un pasado que "supuestamente" debían recuperar de un pasado glorioso, ejemplo de ello fue el águila imperial, la cruz gamada, la esvástica (origen grecorromano), y la identificación con los colores rojo y negro en relación a la preservación de la sangre y la tierra (blut und boden).

El símbolo de la esvástica, usado en el III Reich.

Así mismo, también podemos añadir características del nazismo como el culto al líder, en este caso Hitler, viéndolo como una suerte de mesías; el adoctrinamiento mediante los medios, la publicidad y la educación de niños y adultos; la manipulación histórica de la Historia de la nación, etc.

Dibujo de un niño de las juventudes hitlerianas

*"El mal está sólo en tu mente y no en lo externo.
La mente pura siempre ve solamente lo bueno en
cada cosa,
pero la mala se encarga de inventar el mal."*
GOETHE

3. NACIONALISMO CATALÁN

Para entender el nacionalismo catalán, hemos de situarnos que los actuales nacionalismos ya no tienen nada que ver con los nacionalismos del siglo XX, estos nacionalismos son de derecha y se dan, básicamente, en el mundo desarrollado (Europa y Estados Unidos).

En un mundo globalizado como el actual, donde se ha producido la liberación de los capitales y el libre mercado a nivel mundial, sólo se ha producido la eliminación de las fronteras en Europa, con la creación y consolidación de la Unión Europea y el establecimiento de una moneda única conocida como el euro. Así como la creación durante el siglo XX como la ONU, la OTAN o NAFTA, que han permitido la mejora de relaciones entre países y la cooperación entre éstos, a veces de manera impuesta y que a sectores de la población de cierto país puede no gustar en demasía.

Ahora que Europa y Estados Unidos han perdido la hegemonía económica que les caracterizó durante el siglo XX y principios del XXI, surgen las identidades nacionalistas entre parte de sus habitantes. Estados Unidos reacciona con discursos proteccionistas y egocéntricos, añorando un pasado que fue mucho más pobre y racista que el presente, pero por entonces dictaba como un dios brutal, bondadoso y temible. Inglaterra, todavía un centro importante de las finanzas, se muestra hoy día débil y decadente. Provincias como Cataluña reclaman su pasado y una riqueza que es relativamente mayor al resto de España, la que a su vez responde con su propio patriotismo en nombre de la unidad. Y así podíamos seguir con el resto del hasta hace poco eufórico mundo rico que quería disolver las fronteras y globalizar los Derechos Humanos.

Como vemos, algunos de los efectos del descontento en ámbitos económicos y morales produce el renacimiento de "monstruos", ideologías destructivas más que enriquecedoras y hace que estas sociedad pierdan sus mejores logros, como valores humanos y humanistas, valores de la ilustración y la desconfianza en las ciencias.

Y, ahora sí, entramos de lleno en el nacionalismo catalán.

El nacionalismo catalán es una corriente de pensamiento político (no social) sobre el que se sustenta el principio de que Cataluña es una nación, con derechos históricos de Cataluña, a su historia, a su lengua y al derecho civil catalán. Esta corriente de pensamiento se conformó durante la primera década del siglo XX, como variante extrema del Catalanismo, siendo éste un movimiento cultural procedente de la década de los años 30 del siglo XIX, y convertido en movimiento político en las últimas décadas del siglo XIX.

Actualmente se puede observar que en este movimiento se aglutinan corrientes políticas y de pensamiento que van desde partidos políticos, lobbys y ciudadanos de extrema derecha, pasando por centro derecha (ERC, republicanos) hasta izquierda y extrema izquierda (antisistemas como la CUP).

La estelada (estrellada), bandera representativa del independentismo catalán y no constitucional.

Ahora, pasaré a denotar ciertos datos que son verdaderos, que pueden observarse en documentos oficiales, medios de comunicación y que tienen cierta lógica, a pesar de que el independentismo catalán se empeñe en contar medias verdades y mentiras acerca de su proceso. Comenzaré hablando de la situación actual.

En el apartado posterior de símbolos e ideas que defienden los nacionalistas catalanes, contaré ciertos datos históricos que han llevado aquí, pero para no repetir de manera absurda, me lo saltaré ahora para no aburrir en demasía.

La situación de Cataluña es un tema que está de actualidad y que ha recorrido el mundo entero. El Govern de Cataluña, sin contar con una parte del parlamento catalán decidió convocar un referéndum para poner en marcha lo que se llamó "Ley de transitoriedad" (que cualquiera que haya leído, verá que algunos artículos son calcos de la Constitución española de 1978, como el art. 2) que llevase a

Cataluña hacia una república catalana independiente, todo ello con la oposición del Gobierno central de España y el Tribunal Constitucional, amparados por la justicia y la Constitución española frente a aquellos que han deseado y decidido saltarse las leyes.

Pero todo esto empieza antes de los acontecimientos del párrafo anterior. Todo comenzó hace alrededor de 14 años, cuando estaba en la secretaría del PSOE (Partido Socialista Obrero Español), Jose Luis Rodríguez Zapatero, con las ideas de renovarse y renovar el partido. En aquel entonces, Cataluña era uno de los grandes criaderos electorales del PSOE, y desde hacía tiempo, algunas voces del PSC (Partido Socialista de Cataluña), vertiente catalana del PSOE, apuntaba a la necesidad de realizar una reforma del Estatuto de autonomía de Cataluña para hacerse con algunas competencias nuevas, como sería la de la fiscalidad, autogobierno y financiación. Así, en 2003, el acto central de la campaña del PSC, el líder socialista se comprometió a apoyar una reforma del Estatut de Cataluña.

En aquellos años, apenas el 10% de los catalanes reclamaban a Cataluña como un estado independiente, pero en 9 años, esa cifrá aumentó hasta la friolera del 48% de la población, según datos de la Generalitat. Más adelante, veremos las maneras en las que han podido aumentar ese número y no es precisamente por la mala gestión del Gobierno Central de España.

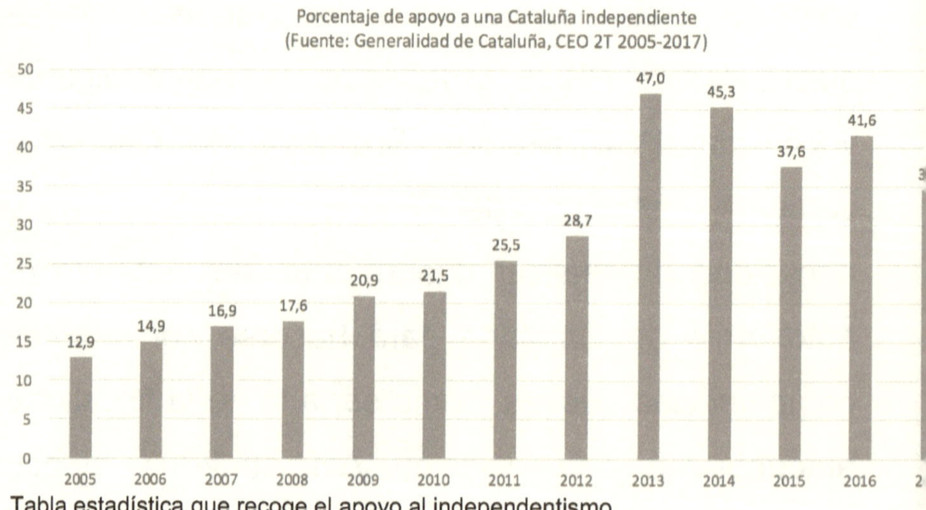

Tabla estadística que recoge el apoyo al independentismo

En 2005 se aprobó una propuesta en el Parlament que evidenciaba los primeros problemas: el "Consejo consultivo" advertía que parte del texto del nuevo Estatut podría entrar en confrontación con la Constitución al ser, algunos artículos, inconstitucionales, como sería el control de una Hacienda catalana propia, el catalán como idioma único y por encima del castellano, la denominación de "nación" para Cataluña en el sentido territorial, el control total de la Educación, etc. Eso conllevaba la primera gran trampa política, porque ERC no admitiría la rebaja del texto y los socialistas (PSC) tenían que reformarlo para darle encaje a nivel estatal y ser aceptado por el Tribunal Constitucional.

Tras medio año de bloqueo político tuvo lugar un giro político en el que Artur Mas, que había sido señalado como sucesor de Jordi Pujol, entró en el juego de la reforma del Estatut. Necesitaba ganar apoyo en el tripartito y convencer al PSC de mejorar dicha reforma, a la vez que intentaba tapar el afloramiento de los casos de corrupción que salpicaban a su partido (CiU, Convergencia i Unión). En enero de 2006, el señor Artur Mas fue convocado a una reunión secreta en La Moncloa, a la que acudió de incógnito y en su coche particular, avisando apenas a un grupo reducido de colaboradores, como Duran i Lleida. Por parte de los socialistas, que en ese momento ostentaban al poder, sólo Rubalcaba y Montilla estaban al corriente. Ninguno de sus socios en el Govern fue requerido para esa reunión.

Propuesta para votar el Estatut de Catalunya en 2006

Aquella reunión acabó con un acuerdo entre ambas partes. El PSOE logró llevar el texto con éxito al Congreso, donde fue aprobado a pesar de la oposición del PP y de ERC, que no había sido avisado de la reunión "secreta". En los dos meses siguientes, los efectos de este Estatut empezaron a denotarse, tanto en Cataluña como en el resto de España, en el caso catalán, fue la expulsión de los independentistas del Govern y, en España, el PP consiguió reunir cerca de cuatro millones de firmas para presentar al Congreso, donde se pedía que el Estatut debía contar con el voto de toda España y no sólo de Cataluña. Este es el principio de una polarización que ha llegado hasta estos días. Toda la culpa la tuvo una reunión secreta donde se pactó el destino de millones de personas sin contar con ellas, ya fuesen independentistas catalanes o personas pertenecientes al resto de España

Finalmente el Estatut fue aprobado en junio de 2006 con un 74% de "SI", pero con la participación de menos de la mitad del electorado catalán. Se convocaron elecciones anticipadas y, a pesar de las tensiones, el tripartito logró reeditar su alianza, esta vez con Montilla a la cabeza y de nuevo integrando a ERC.

El PP presentó entonces un recurso en el Tribunal Constitucional contra el texto, iniciándose así un largo calvario judicial. En consecuencia, durante el largo periplo judicial, donde el Tribunal Constitucional tuvo problemas de renovación de sus jueces, finalmente se consiguió que se 'tumbaran' catorce artículos del texto.

Durante esa larguísima espera para declarar inconstitucionales estos catorce artículos, los escándalos de corrupción de CiU empezaron a asomarse por la escena pública y política, y curiosamente, también se promovieron las primeras grandes manifestaciones en previsión de la decisión del TC. Así 10 de julio de 2010 se convocó la primera gran marcha soberanista bajo el lema *'Som una nació, nosaltres decidim'* (somos una nación, nosotros decidimos) que fue secundada incluso por el socialismo catalán. En noviembre de ese año, con el nacionalismo catalán, minoritario, así como las crisis internas del tripartito catalán, Artur Mas consiguió el puesto de President de la Generalitat. Los independentistas volvían a entrar en el Parlament, aunque con sólo 4 diputados y comenzando un proceso de independentismo que ha llegado hasta estos días.

Hasta esa legislatura las fuerzas del Parlament eran en mayoría proclives a promover reformas moderadas, pero el giro de CiU (corrupción y cambio de partido) y el surgimiento posterior de Ciudadanos inclinaría la balanza y polarizaría el debate de la Cámara: la mayoría pasó a ser soberanista en apenas dos años de breve legislatura.

Todos los factores: políticos, económicos y judiciales, en torno al 2011, con sus desequilibrios (corrupción, crisis e instrumentalización) crearon lo que se podría llamar "la tormenta catalana perfecta".

El 11 de septiembre de 2012 se convocó *'la Diada de la independencia'*, con el mayor acto social visto hasta la fecha. Nueve días después, con el eco resonando aún en las calles, Mas acudió a La Moncloa pidiendo reformas fiscales y de financiación, pero Rajoy se negó. El President decidió entonces iniciar lo que se denomina 'el *procés'*, basado en la reivindicación política usado como medio de presión para obtener unos beneficios por parte del Gobierno Central, aunque la idea inicial no sea una independencia. Aunque ya vemos que a día de hoy, se les ha ido de las manos y ya ha pasado de ser presión para obtener beneficios a una desconexión total.

Entonces arrancó la carrera política: se adelantaron de nuevo elecciones en Cataluña (por segunda vez) y CiU se llevó un varapalo inesperado, pasando de 62 a 50 escaños. ERC, la misma que rechazó rebajar el primer Estatut, pasó a convertirse entonces en el socio del nuevo Govern en la dimensión política hacia la autodeterminación. SI pasó a agruparse con los republicanos, mientras otras organizaciones pidieron el voto para CiU. Las CUP entraron en el Parlament. El bloque nacionalista empezaba a inclinar la balanza con sus escaños.

Principales partidos políticos de Cataluña (la mayoría) y España.

Se empezaron a suceder entonces un reguero de actos cívicos, reformas legislativas catalanas y movimientos judiciales. En enero de 2013 se aprobó una resolución a favor de la soberanía, que el Constitucional tumbó. En septiembre se organizó la

'Vía Catalana hacia la Independencia', una cadena humana de 400 kilómetros como demostración de fuerza. Quince días después, CiU y el antiguo tripartito pactan una resolución a favor del derecho a decidir. En diciembre se anunciaría una consulta popular con preguntas definidas, y un mes después se pidió de forma oficial la competencia para realizar un referéndum.

El Congreso y el Constitucional tumbaron todas las demandas, y así se llegó a la Diada de 2014, donde se trazó una gigantesca 'V' en las calles de Barcelona (para conmemorar la *vía* del año 2013). Una semana después se aprobaría la *ley de consulta* para habilitar un nuevo marco legal que permitiera celebrar un referéndum de independencia, texto que Mas firmó el 27 de septiembre. El Constitucional, tumbó el texto, y el Govern redujo el referéndum a una 'consulta ciudadana' que se desarrolló el 9 de noviembre de ese mismo año y en la que dos millones de catalanes dijeron que 'sí' a la independencia por un 80%.

Fue entonces cuando CiU decidió promover una candidatura unitaria junto a ERC, con una nueva denominación: *Junts pel Sí*, y con la autodeterminación como base de sus planteamientos y políticas. El giro de CiU hacia el soberanismo termino precipitando el final de CiU como coalición y formación con representación parlamentaria.

Las elecciones -de nuevo adelantadas- de septiembre de ese año no arrojaron el resultado esperado: el soberanismo seguía siendo muy mayoritario en el Parlament, pero JxSí no obtuvo la gran mayoría que reclamaba para ganar fuerza en el proceso que pretendía. Sin embargo, otras fuerzas inclinadas hacia la celebración del referéndum cobraron importancia, como CSQP y las CUP. La amalgama de partidos del Parlament tuvo consecuencias inesperadas: las CUP vetaron a Mas y le obligaron a renunciar a favor de Puigdemont, al que dieron su apoyo a la formación de un nuevo Govern. La polarización implicó, otro cambio: la irrupción de Ciudadanos y su antinacionalismo como líderes de la oposición.

En paralelo, llegaron también las elecciones generales de diciembre en España, que abrieron la legislatura más breve de nuestra historia para acabar abruptamente al no poder elegirse presidente.

Hasta que llegamos a los famosos días 6 y 7 de septiembre, donde se hizo oficial en el Parlament la aprobación de un referéndum para la autodeterminación y donde el "procés" recogía ya toda su total forma y su camino hacia una independencia de Cataluña. El Tribunal Constitucional tumbó este referéndum, pero aun así, se puso fecha para la realización del mismo, a fecha de 1 de Octubre de 2017. Con esta aprobación, quedaba comprobado que el acto violó leyes dispuestas en la Constitución Española y en el Estatut de Cataluña y sin contar con la totalidad del Parlament.

Carles Puigdemont dando un discurso.

El día 1 de Octubre se realizó el referéndum sin todas las garantías, el Tribunal Constitucional no había permitido que se realizasen listas de votantes, se bloquearon las páginas dedicadas a la publicidad del acto, se requisaron las urnas que poseía la Generalitat y usadas para las votaciones autonómicas o nacionales y se vigiló de cerca los votos por correo y por internet.

Urnas ilegales usadas para la realización del referéndum de 1 de octubre.

A pesar de todo este dispositivo, como sabemos, lograron realizar el referéndum ilegal (no está recogido ni avalado por la Constitución Española), consiguieron urnas semitransparentes creados en china, algunas con votos dentro de las mismas y abiertas, sin estar precintadas (eso es ilegal también y falla la fiabilidad del acto), y con la catalanes guardándolas en sus casas. Igualmente el censo tuvo que ser bloqueado por la guardia civil (censo que no contó con la aprobación para usarlas, tomando sin autorización ni permiso, datos de votantes para dicho referéndum ilegal), la contratación de observadores internacionales (que posteriormente al acto alegaron que no tenía todas las garantías para darse por válido el referéndum. Estos observadores se ha comprobado que fueron pagados por la Generalitat), el apoyo de una parte de los mossos de esquadra que no realizaron su trabajo y no impidieron que los antidisturbios tuviesen que desalojar los centros públicos, la utilización de centros públicos para un acto ilegal que fue denunciado.

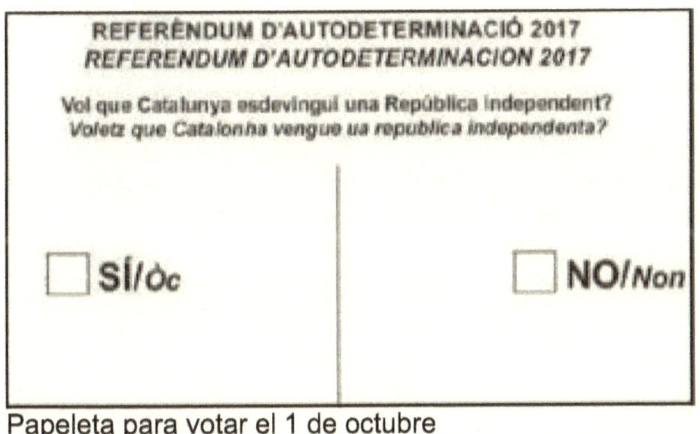

Papeleta para votar el 1 de octubre

Todos estos problemas, tenemos la suerte de que fueron televisados e informados por los medios, que se denunció en su momento y que el independentismo ha intentado en vano hacer que se olviden. Pero el acto era ilegal y esa ilegalidad está amparada por los hechos y las leyes que determinan que no es legal el acto.

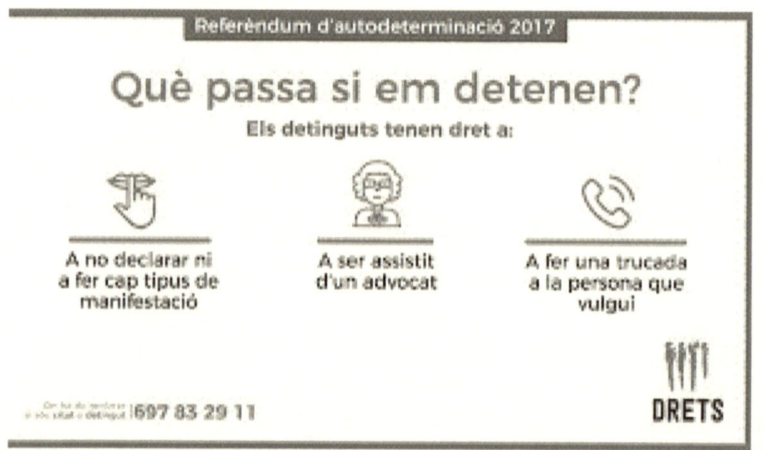

Consejos en caso de detección en el 1 de Octubre. "¿Qué pasa si me detienen? Tenemos derecho a: No declarar ni hacer ningún tipo de manifestación, a ser asistidos por un abogado, hacer una llamada a una persona".

Tras el denominado "1-0", hubo un toma y daca entre el Gobierno Central y la Presidencia de la Generalitat para no seguir adelante con las ilegalidades, mediante el envío de cartas de un presidente a otro para intentar que no se siguiese adelante con el proceso soberanista, pero no se consiguió apenas nada, solamente que el día 27 de octubre, se declaró la República catalana por parte de aquellos que apoyaban en el independentismo en el Parlament, mediante una votación "secreta" para así librarse de ser señalados por el tribunal y denunciados. Posteriormente Puigdemont se dirigió a parte del pueblo de Cataluña para declarar la República catalana, aunque ésta duró la friolera de 40 segundos para indignación de los ciudadanos independentistas.

Tras este esperpéntico escenario de mofa y burla a la población y Estado español, el Gobierno Central cogió al toro por los cuernos y declaró y aprobó, junto a los partidos de PSOE y Ciudadanos, la aplicación del artículo 155, mediante el cual se anulaba la autonomía de Cataluña y sería controlada por el Gobierno Central.

Se decretó que habría elecciones el 21 de diciembre de 2017. Se estableció rápidamente dos bloques diferenciados, aquellos que denominados "contitucionalistas", que no eran nacionalistas independentistas ni apoyaban la independencia, y los "independentistas", formados por los partidos afines a la autodeterminación y la separación de Cataluña de España.

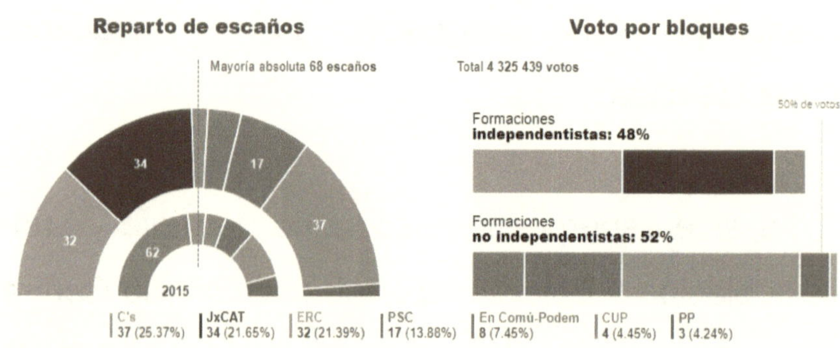

Resultados de las elecciones autonómicas de 21 de Diciembre de 2017.

El resultado fue que el partido más votado fue Ciudadanos, con más de un millón de votos. Pero esto no fue suficiente, puesto que el bloque constitucionalista, a pesar de haber sido votado con un 52% de la población que acudió a votar, debido a la Ley electoral del sistema d'Hondt que ha dado más diputados a los partidos independentistas votados en las comarcas agrícolas (subvencionadas con dinero público, como en toda España). La falta de acuerdos entre los constitucionalistas y el bloque unido de los independentistas dio como solución que fuera de nuevo dispuesto para optar a la presidencia de la Generalitat de Cataluña Carles Puigdemont, a pesar de estar ya fugado en Bélgica y con una orden de búsqueda europea.

Cómo funciona la Ley D'Hondt

Este es el método más utilizado a nivel mundial para la adjudicación de escaños.

Para hacer el cálculo hay que dividir los votos de cada partido entre un divisor n, que es la sucesión de todos los números enteros positivos {1,2,3,...}, hasta el número de escaños a repartir, y luego se asigna un escaño a cada uno de los mejores cocientes.

Ejemplo práctico asignando 7 escaños entre 4 partidos con un total de 110 votos válidos emitidos.

Partido	Votos	escaños totales a repartir							Total
		1	2	3	4	5	6	7	
A	55	55,00	27,50	18,33	13,75	11,00	9,17	7,86	4
B	33	33,00	16,50	11,00	8,25	6,60	5,50	4,71	2
C	12	12,00	6,00	4,00	3,00	2,40	2,00	1,71	1
D	10	10,00	5,00	3,33	2,50	2,00	1,67	1,43	0

Fuente: Jorge García Samartin. "Cómo funciona la Ley D´Hondt"

A partir de aquí, todo ha sido una secuencia de ridículos, propuestas de presidents fugados o sencillamente racistas y xenófobos, como el señor Quim Torra, con consellers fugados o imputados y que están en prisión o fuera de España. Y, por supuesto, el levantamiento del 155.

Símbolos del nacionalismo catalán

El nacionalismo catalán ha buscado una justificación histórica a todos los símbolos que rodean su ideología, y cuando han encontrado lo que le ha interesado lo ha manipulado hasta la exageración, y toda idea, hecho o personaje que no se avino a la Su mentalidad excluyente de Cataluña, ha sido sencillamente ignorado. La mitificación del pasado se ha convertido obsesión constante del nacionalismo, así el mismo emblema de Cataluña ha sufrido una tergiversación constante, la leyenda de las cuatro barras pintadas por el rey franco con la sangre de Guifré el Velloso, es una tergiversación consciente, la leyenda de las cuatro barras pintadas por el rey franco con la sangre de Wifredo el Velloso, es una adaptación que el autor alemán Beuter el año 1551 copia de un hecho real Castellano.

Esta historia ha llegado hasta nuestros días como el origen de la bandera.

Estelada o estrellada:

El auténtico origen de las cuatro barras, a pesar de las muchas polémicas parece ser que fue una concesión de los colores Papales al Rey Pedro, y así se convirtió como bandera del reino de Aragón (pudiendo haber entre tres y seis barras verticales rojas sobre fondo dorado).

Si se lo añade a la cuatribarrada la estrella de cinco puntas que llevaban los separatistas cubanos, ya tiene bandera nacionalista, todo sea por diferenciarnos y poner de manifiesto sus simpatías, pues mientras los españoles (miles de catalanes entre ellos, morían en Cuba, cantando habaneras-la música catalana más hispánica que existe-), los nacionalistas mostraban sus verdaderas intenciones: destruir España por todos los medios.

La estelada con triangulo a la izquierda de color azul y estrella blanca, fue un copia y pega de la bandera comunista cubana. Actualmente representa a los catalanes independentistas que desean una república.

La estelada con triangulo amarillo a la izquierda de color amarillo y estrella roja, representa a los catalanes independentistas de orientación comunista (la estrella es roja).

Lazo amarillo

El lazo amarillo está formado por una tira de tela (u otro materia) amarilla cuyos dos extremos están cruzados. Durante toda la historia, este lazo, con este color, se ha utilizado para diversas revindicaciones, tanto para la guerra de sucesión española para diferenciar a los independentistas de los que no en 1714 (la historia se repite) hasta representación de la deficiencia motora de espina bífida. Durante el proceso soberanista el color del lazo se ha copiado para reivindicar el derecho de autodeterminación de Cataluña.

El 16 de octubre de 2017, día en que fueron encarcelados Jordi Sànchez y Jordi Cuixart, las entidades secesionistas Asamblea Nacional Catalana y Òmnium Cultural, las cuales era presidida por los sujetos señalados anteriormente, pidieron hacer uso de lazos amarillos para reivindicar la liberación de los políticos catalanes encarcelados.

Actualmente, hay lazos amarillos por casi todas las ciudades y pueblos de Cataluña, la mayoría de plástico amarillo, contaminante, puesto en farolas hasta árboles casi a línea de playa. Cualquiera que quiera quitar este lazo de algún lado, siempre tendrá un independentista llamándole "facha" o invitándote a irte de Cataluña (apenas hay el 48% de la población independentista en Cataluña), e incluso amenazas y agresiones leves y contando con la inacción de los mossos d´Esquadra (policía autonómica)

Lazo amarillo tomado como símbolo del desafío catalán

Himno Els Segadors (Los segadores):

Fue en 1892, en el centro Catalán de Sabadell, donde se patrocinó un premio para encontrar un himno catalán; se presentaron nueve textos, pero el jurado declaró desierto el premio.

No fue hasta 1895 donde se convoca un concurso similar por el Orfeo Catalán, resultando ganador Francisco Mathis, con el poema "La Tierra", siendo ésta la letra de Els Segadors, aunque no su composición musical. Para el uso de la música, Francisco Alió propuso una tonada perteneciente a una canción de siega provocativa y nada cándida. Y, finalmente, para añadir más brutalidad, Ernest Moliné, escritor, añadió el "Buen golpe de hoz". Y así se creó el himno catalán, que no diré nacional porque no es una nación.

En catalán

Catalunya, triomfant,
tornarà a ser rica i plena!
Endarrera aquesta gent
tan ufana i tan superba!

Bon cop de falç!
Bon cop de falç, defensors de la terra!

Bon cop de falç!

Ara és hora, segadors!
Ara és hora d'estar alerta!
Per quan vingui un altre juny
esmolem ben bé les eines!
(tornada)

Que tremoli l'enemic
en veient la nostra ensenya:
com fem caure espigues d'or,
quan convé seguem cadenes!

En español (Los Segadores)

Cataluña, triunfante,

¡Volverá a ser rica y plena!

¡Atrás esta gente

tan ufana y tan soberbia!

¡Buen golpe de hoz!

Buen golpe de hoz, ¡defensores de la tierra!

¡Buen golpe de hoz!

¡Ahora es hora, segadores!

¡Ahora es hora de estar alerta!

Para cuando venga otro junio

¡afilemos bien las herramientas!

(estribillo)

Que tiemble el enemigo

al ver nuestra bandera:

como hacemos caer espigas de oro,

cuando conviene segamos cadenas

Como veis, un himno muy conciliador y amistoso
(modo ironía on)

Paisos catalans

Aunque el término aparece documentado en la segunda mitad del siglo XIX, fue popularizado por el escritor valenciano Joan Fuster, que lo empleó en sus ensayos políticos en la década de 1960, publicados en su libro *"Nosaltres, els valencians"* (nosotros, los valencianos).

Se trata de un término controvertido, en cuanto identificado con el pancatalanismo (similar al pangermanismo), alude a la reclamación de un proyecto nacional y geopolítico con una fundamentación que no cuenta con gran apoyo popular, especialmente fuera de la comunidad autónoma de Cataluña, donde puede ser percibido como idea de primacía de Cataluña sobre otros territorios, como la Comunidad Valenciana o las islas Baleares, donde estas regiones se han visto imbuidas en ese término sin tener en cuenta si creen o no en esa idea y sólo por el habla catalán o dialectos, así como la confusión entre el idioma valenciano y el catalán (los valencianos, de la Comunidad Valenciana, mucho defienden que el valenciano es un idioma independiente, es decir, no perteneciente a un dialecto del catalán).

El dominio lingüístico del idioma catalán comprende Andorra, Cataluña (menos Valle de Arán), una parte del este de la comunidad autónoma de Aragón (Franja de Aragón), las Islas Baleares, la parte costera y más poblada de la Comunidad Valenciana, la mayor parte del departamento de Pirineos Orientales, la ciudad sarda de Alguer y un pequeño territorio en la Región de Murcia (El Carche). Los territorios donde el catalán no es una lengua autóctona y no adscritas a los supuestos "Países Catalanes" son la zona interior de la Comunidad Valenciana (incluyendo territorios históricamente monolingües en castellano) y las comarcas del Valle de Arán y la Fenolleda, donde la lengua autóctona es el occitano.

Obviamente, si vemos las fronteras de estos países inventados, cualquiera puede percatarse que eran territorios del histórico "Reino de Aragón", solo que excluyen a gran parte de Aragón, parte de la

Comunidad Valenciana, se olvidan de Cerdeña y las regiones de Sicilia y Nápoles.

Mapa del levante español. Países catalanes (colores más claros)

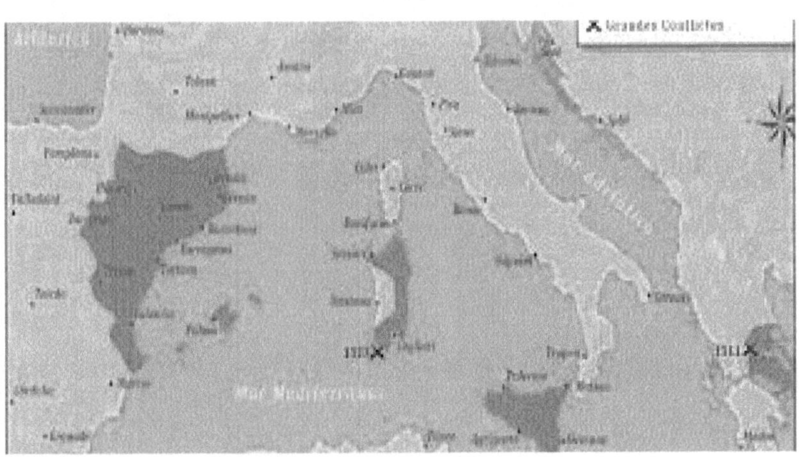

Territorios históricos del Reino de Aragón (color más oscuro)

Mossos d´Esquadra

Es la policía autonómica de Cataluña, siendo parte de las fuerzas y cuerpos de seguridad, refundada, como cuerpo policial con competencias de policía integral, en 1983 por el Parlamento de Cataluña mediante la Ley 19/1983, de 14 de julio (por la que se crea la Policía Autonómica de la Generalidad de Cataluña).

Actualmente gran parte de esta policía está a favor de la independencia de Cataluña, siendo un breve número aquellos que no están de acuerdo con las decisiones de la Generalitat y, sufriendo, por ello, acoso o miedo por sus ideas, con denuncias interpuestas.

Así mismo, a muchos se les olvida que muchos Guardias Civiles y Policía Nacional se ofrecieron a formar parte del cuerpo de seguridad de los Mossos d´Esquadra para completar el cupo en su formación.

A los actuales mossos d´Esquadra se les ha culpado de no haber hecho nada durante el referéndum ilegal del 1 de octubre de 2017 y acusados de estar politizados y al servicio de las decisiones de la Generalitat de Cataluña, incluso muchos integrantes de esta formación optan por apoyar a integrantes independentistas en manifestaciones o acciones ilícitas antes que a aquellos catalanes que se consideran también españoles.

Mossos d´Esquadra patrullando por la calle.

Diada de Catalunya

Como muchos independentistas catalanes que no conocen su propia historia y símbolos, así como muchas personas en Europa y del resto del mundo, desconocen de donde procede esa fiesta que se celebra cada 11 de septiembre en Cataluña y que ellos llaman "Diada". Anteriormente, el día de Cataluña había sido el día 23 de abril, día de San Jorge, pero para escoger algo que supuestamente "les identificase" como catalanes, se escogió el día

11 de septiembre, donde se alude a que se conmemora la derrota de Cataluña en 1794.

La realidad de todo esto, es que no sólo fue una derrota para Cataluña, sino en toda España, pues tuvo lugar una larga lucha fratricida, una guerra civil, donde los vencedores desmantelaron el Estado foral en los territorios del país y propugnaron el centralismo estatal siguiendo el modelo francés en dirección a las jurisdicciones e instituciones de Castilla.

Curioso es ver como se reúnen en torno a la figura de Cassanova, cuando Cassanova no era independentista y nunca quiso una España independiente, todo lo contrario, quería una España fuerte, unida aunque no estaba de acuerdo con el centralismo. Una tergiversación más de la historia real de Cataluña hecha a conciencia para apoyar el independentismo.

Idioma catalán

Es el elemento cultural más usado para la distinción respecto del resto de España. Actualmente recoge los territorios que hemos señalado en el apartado anterior de los Países Catalanes.

El idioma catalán, al igual que el castellano, aparecieron como una variante vulgar del latín o, lo que es lo mismo, dando lugar a lenguas romances como también serían el gallego, el francés, el italiano, etc. La aparición, junto con el castellano y otras lenguas romances, se dio en torno a los siglos XII y XIII durante la Edad Media.

Tuvo su máximo resplandor y desarrollo durante la etapa final de la Edad Media y el Renacimiento, quedando estancado y reducido durante los siguientes siglos. Muchas veces debidas al más fácil uso del castellano para comunicarse o bien porque líderes de ese momento en España o el Reino de España lo prohibieron, aunque eso no significó su desaparición, puesto que había gente que en zonas apartadas o bien dentro de la comodidad de sus casas, seguían hablando catalán.

En el siglo XIX y XX tuvo un proceso de normalización gramatical e incorporación, tras la Constitución de 1978, fue considerado constitucionalmente como idioma oficial en Cataluña, en términos de oficialidad junto con el Castellano (lengua cooficial). De igual manera también lo hicieron el idioma gallego (lengua romance) y el vasco o vascuence (lengua prerromana), los cuales también realizaron un proceso de normalización gramatical y lingüística.

Actualmente, el idioma catalán se usa en casi todas las instituciones oficiales y autonómicas, así como en ciertos establecimientos como los educativos, sociales, de ocio, etc. en detrimento del castellano, que está sufriendo un fenómeno de diglosia.

"El nacionalismo se cura viajando."
*"El nacionalista cree que el lugar donde nació es el
mejor lugar del mundo;
y eso no es cierto.
El patriota cree que el lugar donde nació se merece
todo el amor del mundo; y eso sí es cierto."*
CAMILO JOSE CELA

4. COMPARACIÓN ENTRE NACIONALISMOS

Y sí, llegamos al punto en que vamos a señalar la diferencia y similitudes entre el nacionalismo catalán secesionista y el nacionalismo que tuvo lugar en la Alemania durante el gobierno de los nazis.

Tal vez haya gente que piense que esto es una exageración. Pero no, no lo es. No cuando eres como yo autodidacta de historia, sobre todo de la Edad Media y la II Guerra Mundial, y el interés que siempre me ha suscitado el III Reich porque, hasta ahora, nunca había entendido como millones de personas habían caído en las mentiras de un loco llamado Hitler y su partido nacionalista, incluso lo siguieron apoyando a pesar de haber metido a toda esa población en guerra con otros países y la entrada de los supuestos "enemigos" hasta la propia Berlín, y aun así, todavía había fanáticos que no vieron la enfermedad que había supuesto el nacionalismo en ellos mismos y en Alemania.

No hace falta llegar hasta el capítulo de la "solución final", el horror más enorme en la historia de Europa, para ver el monstruo que fue a nivel social y psicológico el nazismo en la vida de millones de personas, de aquellos que se vieron iluminados y cegados por este monstruo y aquellos que sufrieron el dolor y la humillación más grande.

Algunas de las semejanzas que se pueden observar son:

Los judíos nos roban- España nos roba

No es exactamente en términos económicos a lo mismo que se referían ambos nacionalismos. Mientras que el nazismo defendía que una etnia determinada, los judíos, eran los que tenían las mayores riquezas y que por eso los alemanes eran más pobres, puesto que los judíos se aprovechaban de ellos sin merecerlo y por ser un pueblo inferior, en el caso del nacionalismo catalán hace referencia a que Cataluña es la zona más rica de España y que por lo tanto, son los que más aportan y más pagan, tanto al resto del país, sus instituciones y hasta a su población. Ya sabemos que lo que dicen los independentistas catalanes no es cierto, en España el reparto del dinero se realiza mediante el "principio de solidaridad", recogido en el artículo 2 de la Constitución española, donde cada región aporta en función de sus ingresos y beneficios a las arcas del Estado y que, una vez reunido el dinero, se reparte a cada Comunidad Autónoma en función de sus necesidades.

Es cierto que Cataluña, respecto de España, es una de las que más aporta (aportaba) al Estado junto con la Comunidad de Madrid, Comunidad Valenciana y las Islas Baleares.

Aunque durante el proceso secesionista, se han olvidado señalar que Cataluña tiene una deuda de más de 70 millones de euros con el Estado y que desde hace algunos años no aporta nada porque alegaba estar al borde de la quiebra y, por esta excusa, el Gobierno Central les ha brindado durante algunos años, a su vez, dinero procedente del FLA (Fondo de Liquidez Autonómica) para gestionar y pagar las administraciones y sueldos de los empleados públicos, así como de servicios como el de Educación, sanidad, Cuerpos de seguridad (Mossos d´Esquadra), pago de funcionarios como administrativos, profesores, bomberos, etc.

Volviendo al tema del robo, en esencia, aunque ya hemos visto que tiene sus diferencias ambos nacionalismos, es lo mismo. Es culpar a otros de robar lo que por derecho (su derecho) nos pertenece y, por lo tanto, deben devolvérnoslo o actuar contra ellos, porque son los malos y los que se aprovechan de nosotros y nos hacen más pobres. Porque nosotros somos los más ricos (raro en una región oprimida) y los demás son los pobres y los que nos tienen que agradecer.

Adoctrinamiento de los niños en la escuela

Este es un tema controvertido a nivel social y de los medios de comunicación. Hay padres que defienden que no hay adoctrinamiento y hay padres que han denunciado que sí existen estos casos de adoctrinamiento.

Yo, que debería mantenerme neutral, no puedo. Me dedico a la educación y hay signos y señales que denotan que se está usando el adoctrinamiento con los niños.

Para empezar y saber qué es el adoctrinamiento, primero vamos a remitirnos a lo que significa esa palabra tan peliaguda que hace que sintamos escalofríos pensando en los niños o nos rebelemos y defendamos a muerte que no existe cuando a lo mejor nosotros también estamos siendo adoctrinados y sin darnos cuenta.

Para la R.A.E., es el acto de inculcar ciertas creencias e ideas.

Algunas de las pruebas de adoctrinamiento catalán pueden observarse en las siguientes imágenes:

Niños en el aula trabajando actividades plásticas con la bandera independentista

Niñas de la E.S.O. (educación secundaria) pegando carteles en apoyo a "presos políticos" y por la democracia y llevando la bandera independentista como capa.

Una estudiante en Cataluña: «La profesora nos hizo votar en clase si estábamos a favor o no de la huelga»

Ariadna, una alumna de Segundo de Bachillerato, ha denunciado en «Herrera en COPE» el adoctrinamiento al que están siendo sometidos ella y sus compañeros de instituto

"Una estudiante en Cataluña: La profesora nos hizo votar en clase si estábamos a favor o no de la huelga". Fuente ABC

Algunas de las señales que nos hacen comprobar que existe adoctrinamiento en las aulas son:

- La bandera independentista y no constitucional en las aulas.
- Hacer actividades con los niños en las aulas de índole político como teatro, actividades plásticas, juegos, etc.

- Tergiversación de la realidad en asignaturas como Geografía, Historia, Lengua y literatura.

- Presión sutil a los niños para que hablen catalán en el aula y no en castellano y presión de los profesores hacia los alumnos que no concuerdan con la idea de la independencia y el hablar catalán.

- Acoso a los hijos de Guardia Civil y Policía Nacional por la profesión de sus padres.

- Hacer huelgas independientes de la situación escolar de los alumnos, de índole político.

- Usar a niños para llevar pancartas, banderas independentistas, obligarles a hacer huelga.

- Preguntar en clase si los niños creen o no en la independencia para ser de manera sutil señalados como diferentes.

Reivindicaciones históricas

Estamos ya hartos de escuchar siempre la misma cantinela de que Cataluña era independiente, que merece ser independiente y que tiene justificación para ser independiente.

Pues no. En el caso de reivindicaciones históricas no tiene justificación.

Una de las herramientas fundamentales del nacionalismo catalán ha sido la construcción de un relato histórico tan falso como eficaz, de signo victimista.

Según el independentismo, Cataluña es una nación milenaria, fundadora de la moderna identidad europea y que hasta el siglo XVIII ha tenido instituciones estatales.

Poco importa que esto haya supuesto una reinvención de la historia de la corona de Aragón, rebautizada en el siglo XIX como confederación catalano-aragonesa por el archivero de la corona de Aragón Antoni de Brofarull y Brocá. Tesis falsa e insultante que no se corresponde con la estructura institucional de la corona de Aragón durante la baja edad media y que además supone un anacronismo histórico. La misma tesis nacionalista que insiste en presentar su nación como milenaria es ya en si misma otra mentira manipulada para su propio beneficio.

El nacionalismo catalán ha insistido en recalcar una y otra vez, el carácter diferenciado de la identidad catalana. Tesis que ha gozado de cierto predicamento en ambientes progresistas. Se trata de un tesis que hunde sus raíces en los planteamientos culturalistas de la llamada Renaixença o en las tesis del historiador Jaume Vicens Vives sobre la mayor modernidad de Cataluña en relación con la atrasada y autoritaria España.

Según esta tesis, Cataluña ha desempeñado el papel de motor del progreso peninsular y España el de lastre. Un papel que no siempre se le ha reconocido debidamente a Cataluña y que ha supuesto una pesada carga para la nación catalana en oportunidades históricas perdidas. No es extraño escuchar a los políticos nacionalistas lamentarse de la innumerable cantidad de oportunidades que han otorgado a España para avanzar en la senda de la modernidad y de progreso.

Como España quiere seguir instalada en los tópicos tan manidos de la leyenda negra, a Cataluña no le queda más remedio que emprender su propio camino. El lugar natural de Cataluña es Europa, el de España el continente africano.

Desde 1978, el gobierno de Madrid ha permitido que los libros de texto catalanes contaran mentiras enormes sobre la historia tanto de España como de Cataluña, inventando mapas, fronteras, términos como la "corona catalano-aragones" que jamás existió, con el claro propósito de crear la ilusión de que realmente existió una "nación catalana que ha sido victimizada y vampirizada por el poder central".

La victimización de un pueblo noble y unido, sometido y explotado por un gobierno imperialista, abusivo y cruel es un mecanismo clásico de todas las propagandas en la historia de la hispanofobia, que ya se utilizó con éxito en los Países Bajos (desde mediados del siglo XVI y hasta el Tratado de Westfalia en 1648) donde no fueron los holandeses unidos los que lucharon contra los ejércitos españoles, (como rezan todos los manuales escolares) sino que fue una terrible guerra civil en la que el 80% de los ejércitos "españoles" estaban compuestos por soldados neerlandeses y flamencos mientras que en el lado rebelde holandés el 80% eran soldados daneses, ingleses y franceses que eran las potencias interesadas en debilitar a España (Roca Barea, Hispanofobia y leyenda negra, 2016). No estaban unidos los holandeses frente a España, sino eran mayoría los católicos que querían seguir en el reino de España, y fueron cruelmente asesinados miles de ellos a manos de los independentistas. Pero la historia oficial ha ocultado estos datos porque los holandeses tienen que aparecer como el David valiente, bueno y tolerante que vence al monstruoso, injusto y cruel Goliath.

El supuesto día de la revolución de "Els Segadors" (1640)

Los nacionalistas presentan el «Corpus de sangre» como una revolución heroica contra España, cuando en realidad fue una sangrienta semana sin ley en la que muchos catalanes y castellanos perdieron la vida. La anexión a Francia tuvo graves consecuencias económicas.

Dentro de la mitología nacionalista, el «Corpus de sangre» es relatado como una revolución heroica contra España, «cuando en realidad fue una sangrienta semana sin ley en la que muchos catalanes y castellanos perdieron la vida», explica el hispanista Henry Kamen. *"Los nobles y verdaderos catalanes, a quien tocaba por derecho de fidelidad y de sangre la defensa de la justicia, de la patria y de la honra del Rey, estaban cubiertos de miedo en sus casas sin atreverse a salir*", escribe un catalán de la época.

A causa de la exigencia de mayor compromiso económico hacia la Monarquía Hispánica y de su enemistad personal con el virrey, parte de la burguesía y la nobleza catalana auspició en 1640 una revuelta popular contra el ejército real para combatir a Francia. La población odiaban a la soldadesca de los tercios, muchos extranjeros, por las requisas de animales y destrozos ocasionados a sus cosechas, así como por las afrentas del alojamiento forzoso en sus casas, pero no buscaba la separación de España, si acaso soñaban con una rebelión contra todos los amos. Asustados por la brutalidad de la revuelta, la oligarquía recurrió a una alianza con la Francia del Cardenal Richelieu, que causó graves perjuicios económicos a los campesinos. Luis XIII inundó la administración de franceses y los mercados de productos de su país.

La Sublevación de Cataluña de 1640 tuvo su germen en la hoja de reformas con la que el Conde-Duque de Olivares buscaba esfuerzos y exigencias de mantener un sistema imperial entre los territorios que conformaban la Monarquía Hispánica. Hasta entonces Castilla había cargado de forma desproporcionada con los compromisos en Europa de la dinastía Habsburgo. Sin embargo, una profunda crisis demográfica azotaba las tierras castellanas, su población había mermado en proporción alarmante; su economía se venía abajo; las flotas de Indias que llevaban la plata a España llegaban muchas veces tarde, cuando llegaban, y las remesas tampoco eran las de antes.

Las reformas no pudieron ser recibidas en Cataluña con más hostilidad. El Conde-Duque de Olivares presentó oficialmente en 1626 la *Unión de Armas*, donde todos los *"Reinos, Estados y*

Señoríos" de la Monarquía Hispánica contribuirían en hombres y dinero a su defensa, en proporción a su población y a su riqueza. Si bien a la Corona de Castilla, que suponía cerca del 70% de la población de la Península Ibérica, le tocaba aportar 44.000 soldados, al Principado de Cataluña y otras regiones de poca población debían aportar 16.000 soldados.

En 1542, el III duque de Alba, Fernando Álvarez de Toledo, tuvo que supervisar los preparativos en Cataluña para una posible invasión francesa. Ante la poca moral y el pobre entusiasmo mostrado por los soldados catalanes, el duque recomendó el envío de tropas de otros lugares de España. "*He echado un vistazo aquí a algunos de los soldados reclutados, y estoy tan insatisfecho con ellos que casi no me atrevo a comentárselo a Su Majestad. Le ruego que ordene con la mayor urgencia se sirvan hombres procedentes de Castilla y de otras regiones donde se recluten*", reclamó el general castellano a Felipe II.

Es por esta razón que la oligarquía catalana vio en el proyecto de Olivares una nueva amenaza a lo que el nacionalismo moderno ha llamado «las libertades históricas», aunque realmente eran una serie de privilegios administrativos de origen medieval. Cabe recordar que los fueros prohibían expresamente servir en el ejército fuera del Principado.

Bajo este clima de hostilidad, el 26 de marzo de 1626 Felipe IV visitó Barcelona para jurar las Constituciones catalanas y conseguir apoyos a la Unión de Armas. Poco después se inauguraron las Cortes catalanas que llevaban sin celebrarse desde 1599. Como las sesiones se alargaban y solo se trataban las quejas acumuladas durante los 27 años sin Cortes, el Rey Felipe IV abandonó precipitadamente Barcelona el 4 de mayo de 1626, frustrado por no haber podido abordar la Unión de Armas. Y no era el único asunto pendiente con la nobleza catalana. La actuación de los últimos virreyes en asuntos como la lucha contra el bandolerismo y el cobro de impuestos habían levantado muchas antipatías hacia Castilla.

Para llevar a efecto sus planes, el valido nombró como nuevo virrey de Cataluña en 1638 al conde de Santa Coloma, un hombre de plena confianza pero enemistado con la nobleza y la burguesía local. La negativa ese mismo año de la Diputación de la Generalitat a que tropas catalanas acudieran a levantar el sitio de Fuenterrabía (Guipúzcoa), a donde sí habían acudido tropas desde Castilla, Aragón y Valencia, deterioró más la relación con la corte madrileña, que ordenó al virrey elevar su dureza. Así a lo largo de 1640 el virrey Santa Coloma, siguiendo las instrucciones de Olivares, adoptó medidas más drásticas contra los pueblos donde las tropas no eran bien recibidas.

Mientras tanto, la población asistió cada vez más molesta a las exigencias del ejército de 40.000 hombres que se alojaba en Cataluña para combatir a Francia. Y como suele ocurrir en estos casos, un aislado episodio de tensión entre la población y la milicia precipitó una rebelión generalizada. En varios pueblos de Gerona, la lucha armada contra los ejércitos reales ya era un hecho. El 7 de junio de 1640, en el conocido como día del «Corpus de Sangre», un pequeño incidente en la calle Ample de Barcelona causado por un grupo de segadores, entre los que había rebeldes disfrazados procedentes de Gerona, encendió la sublevación en toda Cataluña.

Con las tropas españolas dispersas en distintos frentes, los pocos efectivos que estaban en Barcelona no pudieron frenar la revuelta popular, que tampoco obedecía ya a la élite local. El virrey de Cataluña Dalmau de Queralt, conde de Santa Coloma, fue asesinado en una playa barcelonesa cuando intentaba huir de la ciudad. En los siguientes días, la sublevación derivó en una revuelta de empobrecidos campesinos contra la nobleza y ricos de las ciudades que también fueron atacados.

Cuando la oligarquía catalana fue capaz de recuperar parcialmente el control de la región, decidieron pedir ayuda al enemigo de la Monarquía Hispánica: el Reino de Francia. El Cardenal Richelieu no desperdició una oportunidad para debilitar a la Corona Española y apoyó militarmente a los sublevados. Aun así, al principio la alianza con Francia no dio los frutos deseados y el avance del ejército de Felipe IV despertó otra revuelta popular – en este caso, en apoyo a la Corona Hispánica–.

En vez de dar marcha atrás, los gobernantes rebeldes ampliaron la alianza con Francia: Cataluña se constituyó en república independiente bajo la protección del país vecino. Pero el Rey de Francia Luis XIII no se conformó con este acuerdo y antes de terminar ese mismo año, 1641, se proclamó nuevo conde de Barcelona, rememorando el antiguo vasallaje de los condados catalanes con el Imperio Carolingio. El Rey francés nombró un virrey francés y en poco tiempo llenó la administración catalana de conocidos pro-franceses. La población de Cataluña y muchos nobles empezaron a percibir que estaba peor que antes de la sublevación contra España. El pulso al Conde-duque de Olivares había desembocado en una guerra cuyos gastos militares estaban financiando ellos, justo la causa por la que iniciaron la revuelta. A esto había que sumar la agresiva introducción de productos franceses en los mercados locales.

Durante doce años, la región de Cataluña permaneció bajo control francés hasta que el final de la Guerra de los Treinta años y el enfriamiento del choque hispano-francés permitió a Felipe IV recuperar el territorio perdido. Conocedor del descontento de la población catalana con la ocupación francesa y aprovechando las débiles defensas tras una virulenta peste, un ejército dirigido por Juan José de Austria rindió Barcelona en 1651. Los catalanes aceptaron de buena gana las condiciones del hijo bastardo de Felipe IV.

La huida hacia delante y sin destino de la oligarquía catalana había sido aprovechada por Francia para dañar al Imperio español, sin la menor consideración por Cataluña. Desde el principio, Luis XIII dejó claro que respetaba los fueros catalanes menos que los castellanos y solo veía en Cataluña una buena colonia donde colocar sus productos. Pere Moliner, uno de los catalanes que permaneció fiel a Felipe IV, resume nítidamente el conflicto en su frase: "*Fueron cuatro ambiciosos de mejor fortuna, remoleando la provincia del tranquilo mundo de la paz al procelosos golfo de su naufragio*".

Como recordatorio histórico de su error, Cataluña y España nunca recuperaron las tierras del Rosellón que habían sido tomadas por las tropas francesas en el contexto de la guerra.

Ahora, como último colofón a todo este entramado histórico de mentiras y falsedades, vamos a tratar los intentos de independencia que ha tenido Cataluña desde el siglo XIX, contando la verdad histórica y no los cuentos que nos quieren introducir a base de falsedades y medias verdades.

La proclamación de 1873

Si la primera independencia de Cataluña duró 6 días, la segunda duró solo 2. Se produjo en el marco de la I República Española, proclamada el 11 de febrero de 1873. El 5 de marzo, un grupo de políticos dirigidos por José García Viñas y Paul Brousse (francés), y apoyados por cerca de 16.000 voluntarios, según La Correspondencia de España, proclamaron en el ayuntamiento de Barcelona el "Estado catalán federado con la República española". Es decir, en este caso no era una independencia total.

Tras dos días de negociaciones con el Gobierno central, se revocó la proclamación. El ejército fue abolido en Cataluña y el presidente de la República,

Estanislao Figueras, dimitió. Le sucedió Francisco Pi i Margall, también catalán.

La proclamación de 1931

El 14 de abril de 1931, día en que se proclamó la II República española, Francesc Macià decretó la República Federada Catalana dentro de la República española. Macià era el líder de ERC, que 2 días antes había ganado las elecciones municipales en Cataluña. 3 días después, el Gobierno provisional de la República española envió a Barcelona a los ministros Fernández de los Ríos, Marcelino Domingo y Lluis Nicolau d'Olwer a negociar.

Tras las intensas reuniones se acordó que el consejo de Barcelona actuase como Gobierno de la Generalitat catalana. Un año más tarde, en 1932, sería aprobado el primer Estatuto de Autonomía catalán, el Estatuto de Nuria, que le dotaba de gobierno y parlamento propios.

La proclamación de 1934

Macià murió en 1933 y le sucedió en la Generalitat y ERC Lluis Companys, hasta entonces presidente del parlamento catalán. El 6 de octubre de 1934, aprovechando el estallido de la Revolución de Asturias un día antes y la proclamación del estado de guerra por el presidente de la República, Alejandro Lerroux, Companys proclamó el Estado catalán de la República federal española.

El general Batet, siguiendo instrucciones de Lerroux, decretó el estado de guerra también en Cataluña. Tras una noche de enfrentamientos que dejaron 46 muertos, y a pesar de la defensa de los Mossos de Esquadra al gobierno catalán, el ejército detuvo en la mañana del día 7 a Companys, a todo su gobierno y a algunos diputados.

Se clausuró el parlamento autonómico, se suspendió el Estatuto de Nuria y se retiró a muchos alcaldes. Companys fue condenado a 30 años de cárcel, pero se le liberó 2 años más tarde, cuando el Frente Popular ganó las elecciones en 1936. Con la victoria de Franco en la guerra civil, Companys se exilió en Francia, pero fue capturado por la Gestapo, entregado a las autoridades franquistas, y fusilado el 15 de octubre de 1940 en el castillo de Montjuic.

Control de los medios de comunicación.

Por si alguien no lo sabe, todas las Comunidades Autónomas de España disponen de la posibilidad de crear o implantar su propia televisión autonómica, así como periódicos regionales y medios de comunicación que consideren oportunos.

Ahora, aquí es donde viene el quiz de la cuestión, puedes usar un medio de comunicación para informar de manera imparcial o, bien, puedes usar los medios de comunicación para hacer propaganda contra tu propio país, la defensa de una falsa república, noticias contadas desde solo una versión o posición y con datos falsos, etc.

En 2016, el medio más beneficiado por ayudas públicas fue Nació Digital, con 224.000 €, seguido del diario Ara, con 192.000 €, de Vilaweb, con 135.000 € y El Punt/Avui con 80.000 €. Posteriormente se suman ayudas por proyectos. Y, como pueden comprobar, todos estos medios están a favor de una hipotética independencia catalana.

Pero si se toman los datos sobre la publicidad institucional, los medios digitales afines al independentismo fueron también los más beneficiados, según la memoria de la comisión asesora sobre la Publicidad Institucional de 2016.

Se invirtieron 30,7 millones de euros en medios de comunicación. Se trata de una cifra que ha crecido mucho en los últimos años en comparación con los 10,1 millones de 2011, aunque es una cifra similar a la de 2008.

Son unos recursos que se reparten de forma desigual: el 49,37% corresponde a medios impresos; el 16,8% a internet; el 14,5% a televisión; el 12% a radio y el 7,28% a medios exteriores.

En este caso, El Nacional.cat es, entre los digitales, el más beneficiado, con 389.712 €; le sigue Ara.cat, con 324.713 €; Naciodigital.cat, con 314.152 €; Elpuntavui.cat con 233.796 €; Elperiodico.com con 201.837 € y Vilaweb, con 143.525 €. En el caso de los impresos, la relación la encabeza El Periódico, con 3,2 millones de €; El Punt Avui, con 1,9 millones; La Vanguardia, con 1,85 millones y Ara, con 1,057 millones de €.

Creo que con estos datos, anteriormente mencionados, queda claro porqué periódicos de prestigio como "imparciales", como ocurre con La Vanguardia o El Periódico, se han pasado al lado independentista. El dinero es el dinero y la verdad tiene poco que ver aquí.

La Corporación Catalana de Medios Audiovisuales (CCMA), el holding de televisiones y radios propiedad de la Generalitat, es una sociedad adscrita a la Consejería de Presidencia. Cuenta con un presupuesto propio de 306 millones de euros anuales, según los datos oficiales, y ha jugado un papel clave en la difusión y consolidación del ideario independentista.

La corporación de medios públicos catalanes cuenta con 6 televisiones (TV3, generalista; Canal

33, cultural; Super3, infantil; Esport 3, deportivo; 3/24, noticias, y TV3 CAT, canal que emite al extranjero), 4 emisoras radiofónicas tradicionales (Catalunya Ràdio, generalista; Catalunya Informació, noticias; Catalunya Música, musical, e iCat, música y cultura) y 1 radio por internet especializada en música clásica catalana (CatClàssica).

A estos medios se suma la Agencia Catalana de Noticias (ANC), marca con la que opera la empresa pública Intracatalònia (cuyos únicos accionistas son la CCMA y la Generalitat de Cataluña), también adscrita al departamento de Presidencia. Su presupuesto es de 3,33 millones de €, de los que algo más de 2 millones corresponden a transferencias de la Consejería de Presidencia. En el propio sitio web de la ANC se informa que "interpreta la actualidad en clave catalana", lo que en lenguaje separatista significa un alineamiento con el separatismo. Su primer director, de 1999 a 2002, fue el expresidente de la Generalitat fugado en Alemania, Carles Puigdemont.

Otro de los organismos clave en materia de medios de comunicación es el polémico Consejo Audiovisual de Cataluña (CAC), organismo dependiente también de la consejería de Presidencia.

Desde su fundación en 1997, el CAC ha sido denunciado como una herramienta de control de los medios al servicio del nacionalismo catalán. Tiene capacidad de sancionar a empresas informativas que considere que violan principios como la libertad de información o atenten contra derechos fundamentales como el de la intimidad. A lo largo de los años se ha denunciado que lo hace siempre de forma parcial, tolerando comportamientos poco éticos por parte de medios separatistas. Por ejemplo, consideró lícito que TV3 difundiera información personal (incluyendo relativa a su domicilio) del juez Pablo Llarena, quien instruye la causa contra los políticos responsables de la declaración unilateral de independencia, y su mujer.

Deporte como herramienta política.

Si, como ocurrió con el nacionalismo alemán, el deporte se ha convertido en una de las herramientas de diferenciación de Cataluña respecto de España.

Ejemplo de ello es de la creación de una selección nacional catalana.

Otro ejemplo, y muy relacionado con el adoctrinamiento, es el típico partido entre alumnos de un aula en la asignatura de Educación física o deporte, donde uno de los equipos puede ser "Cataluña" contra el otro formado por "españoles o España".

No sólo afecta al fútbol o a las aulas, sino también a otros deportes y es normal que los deportistas de origen catalán hayan sufrido algún tipo de acoso o presión por dar su opinión acerca de la independencia de Cataluña.

Aunque, sin duda, aunque los deportistas no se abran a transmitir su opinión sobre el tema, sí que pueden hacerlo sus directivos, como ocurre en el fútbol con el Fútbol Club Barcelona, donde sus directivos apoyan la independencia de manera unilateral, apoyen o no sus futbolistas esta idea. Y todos sabemos que el fútbol es una herramienta muy fuerte, debido a su condición de ser el deporte, en este caso, más seguido en España y que mueve a miles de personas y que desde que estalló el procés, los independentistas han usado al club del Barcelona, como símbolo independentista y de lucha contra España, aunque la mayoría de los aficionados de este club no apoyen dicha independencia y sean procedentes de otras partes de España.

Pancarta expuesta durante un partido entre el F.C. Barcelona y el Real Madrid, donde reza: "Bienvenidos a la república catalana".

Los falsos Paisos Catalans.

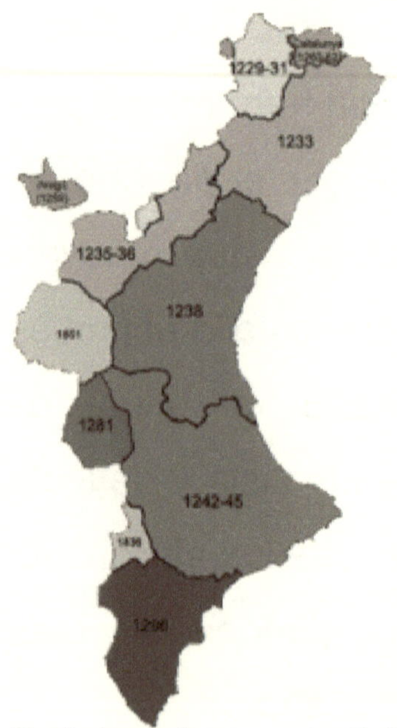

Territorios de los supuestos Países Catalanes y año
en que fueron conquistados durante la Reconquista española (s. XIII y XIV)

Países Catalanes (en catalán Països Catalans) es un término ambiguo, que (en el ámbito lingüístico y cultural) hace referencia a los territorios donde se habla el idioma catalán, o bien, a un proyecto de nación que aglutinase tanto los territorios de habla catalán como, otra serie de territorios donde el catalán no es una lengua de uso tradicional (como Andorra o lo que consideran que es la zona francesa de Cataluña). Los Países Catalanes (delimitación solo basada en la similitud lingüística) nunca existió como sujeto político, aunque la comunidad de territorios catalanohablantes tiene su origen histórico en la expansión de la Corona de Aragón.

Si, señores, en la Corona de Aragón, reino de la Península Ibérica aparecido durante la reconquista allá por la Edad Media y que finalizó con el matrimonio entre los Reyes Católicos, allá por el siglo XV.

Aunque el término aparece documentado en la segunda mitad del siglo XIX, fue popularizado por el escritor valenciano Joan Fuster, que lo empleó en sus ensayos políticos en la década de 1960, publicados en su libro "Nosaltres, els valencians" (Nosotros, los valencianos).

Se trata de un término controvertido, identificado con el pancatalanismo, donde se alude a la reclamación de un proyecto nacional y geopolítico con una fundamentación que no cuenta con gran apoyo popular, especialmente fuera de la comunidad autónoma de Cataluña, donde se percibe como una idea donde primaría la primacía de Cataluña sobre otros territorios considerados dentro de los países catalanes, como la Comunidad Valenciana o las islas Baleares.

Manipulación en libros sobre los Países catalanes

El dominio lingüístico del idioma catalán comprende a Andorra, la mayor parte de Cataluña, una parte del este de la comunidad autónoma de Aragón (la llamada Franja de Aragón), las Islas Baleares, la parte costera y más poblada de la Comunidad Valenciana, la mayor parte de los Pirineos Orientales, la ciudad sarda de Alguer y también un pequeño territorio en la Región de Murcia, llamado El Carche. Los territorios donde el catalán no es una lengua autóctona, aunque adscritos al concepto de Países Catalanes son la zona interior de la Comunidad Valenciana (incluyendo territorios históricamente monolingües en castellano) y las comarcas del Valle de Arán y la Fenolleda, donde la lengua autóctona es el occitano, en la primera comarca en su variedad aranesa (aranés es un idioma también denominado aragonés).

Con esta idea de los países catalanes, usan el idioma, el catalán, como excusa para expandir su influencia. Actualmente, ayuntamientos o partidos políticos afines al independentismo están poniéndole trabas al castellano e incorporando el catalán como la lengua vehicular (en España existe lo que se llama el bilingüismo, es decir, ambos idiomas están a la misma altura de importancia, en igualdad de condiciones). Ya no es extraño que para trabajar como funcionario de cualquier administración territorial, te exigen ambos idiomas y te dan puntos si sabes el idioma de la zona (más incluso que la titulación que se posea).

También me veo en la obligación de señalar que muchos valencianos, habitantes de las Islas Baleares y de Aragón, no están de acuerdo con la idea de estos países catalanes, puesto que ellos no se sienten identificados con este término y no creen que deban pertenecer a los territorios de una hipotética Cataluña independiente.

Hasta nos incluyen el tiempo de los países catalanes en TVs públicas autonómicas como TV3.

*"El nacionalismo no es el despertar de las naciones
hacia su conciencia propia:
inventa naciones donde no las hay"*
ERNEST GELLNER

5. MENTIRAS Y MENTIRAS

Lo han llamado la revolución de las sonrisas. Pero han empujado a los catalanes al borde del enfrentamiento civil. El término "revolución de las sonrisas" era cuando creían actuar de manera pacifista y sin alterar el orden público ni enfrentarse a cualquiera que no pensase igual. A día de hoy, existe una organización llamada CDR, encargados de defender la república y, los cuales, se encargan de sembrar el caos (como cortar carreteras o calles, quemar mobiliario urbano, señalar con pintadas a quien no piensa igual, ya sea su casa o cualquier otra propiedad como su coche). Así mismo, han tomado las calles de las principales ciudades y pueblos catalanes para imponer su idea del independentismo a través de pintadas en mobiliario urbano o en el asfalto, mediante lazos amarillos en propiedades públicas, de todos los ciudadanos y si te atreves a quitarlos, enseguida tendrás una turba enfurecida que te insultará e humillará y te llamará facha solo por el hecho de tú utilizar la misma libertad de quitarlos que ellos tienen de ponerlos.

Se creen pacíficos. Pero durante casi 40 años han acallado al 50% de los ciudadanos de la comunidad. Antes eran menos los ciudadanos independentistas, el número ha aumentado por diversos factores, eso sí, ninguno convenientemente explicado con la verdad, como el ser republicano y te alias al independentismo porque crees que así tu idea va a triunfar, o bien por culpa de la crisis económica que arrastramos desde 2008. También ha tenido que ver la intensa publicidad contra el país, España, y las manipulaciones servidas como verdades en medios y la educación. Cuando sus ideas no han salido adelante, cuando el independentismo no ha logrado su meta, da la sensación de que el pacifismo solo era una burda máscara para ocultar su verdadero sentimiento, que era el de crear un país ajeno a España a cualquier costa.

Cartel contra los líderes de los partidos políticos que no apoyan la independencia (Partido socialista de Cataluña (PSC), Cataluña si que es pot, Ciudadanos (C´s) y Partido Popular (PP). Traducido del catalán: "Los que nieguen el democrático derecho a la autodeterminación... SON ENEMIGOS DEL PUEBLO"

Dicen ser demócratas. Pero el partido con mayor intención de voto entre los suyos ostenta en su currículum dos golpes de Estado (1934 y 2017), miles de asesinados, torturados y represaliados por Lluís Companys y una guerra civil. Esto es cierto, pero hay que cogerlo con pinzas. Es decir, hoy por hoy, Esquerra Republicana es un partido nacionalista con tintes republicanos (no quieren un rey), que junto al PdCat (partido de Puigdemont) que es otro partido nacionalista y de ultraderecha, le guste a quien le guste, han formado una coalición donde son partidos mayoristas y que han emprendido el camino hacia una independencia que resultaría ser desastrosa para la población catalana. Cualquiera que esté un poco informado sobre lo que es nacionalismo y el daño hecho en la historia, sabrá que no existe ni un solo país que sea democrático y fuertemente nacionalista, puesto que tienden a la oligarquía y al totalitarismo. Y si, España durante la dictadura de Franco tuvo su nacionalismo, aunque por suerte nos logramos desprender de eso y hoy son minoritarios los nacionalistas españoles, no tienen cabida en un sistema democrático donde todos somos iguales ante la ley y donde existe la dignidad del ser humano y es respetada.

puente en una carretera de Cataluña

Muñecos colgados hacia debajo en un puente de acceso a la ciudad. Cada muñeco
tiene el símbolo de los partidos que se niegan a la independencia.

Prometieron a sus votantes una potencia económica mundial. Pero sólo han logrado expulsar a las empresas, a los turistas, a los inversores, a los ahorradores y hasta a los trabajadores. Famosa es esa la frase que decían los líderes independentistas "que todos los catalanes en una república podrán comer helado todos los días". Bueno, pues la realidad es que no. Hasta la fecha, van casi cinco mil empresas que han abandonado Cataluña debido a la inestabilidad económica de la zona y la incertidumbre política y social que sufre debido al independentismo. Nadie se arriesga a invertir en una región donde no se sabe qué pasará el día de mañana, donde si se va de España muchos inversores no ven factible el hacer negocios puesto que les supondría gastos mayores en transporte y aduanas, ya que Cataluña no pertenecería ni a la Unión Europea y los productos costarían muchísimo más. Nadie quiere hacer negocio así y salir perdiendo.

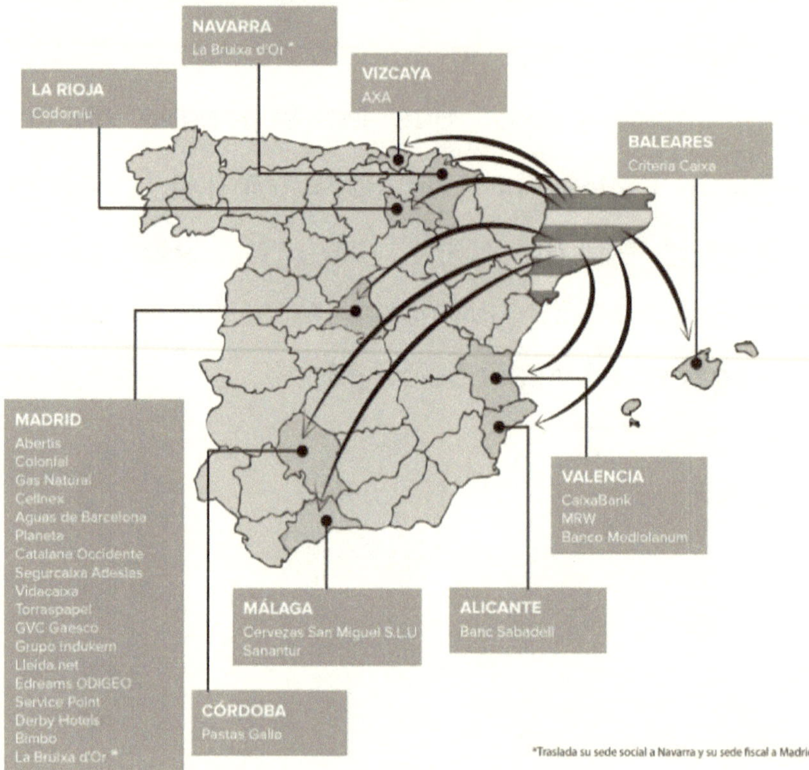

Mapa éxodo de empresas desde que saltó la noticia de la independencia de Cataluña (1 de octubre) hasta finales del 2017.

Dicen defender una verdadera separación de poderes. Pero exigen que el poder político anule las decisiones del judicial y que el judicial no aplique las leyes promulgadas por el legislativo. Incluidas las que fueron votadas por ellos. Es decir, por poner un ejemplo, los líderes independentistas, como

Puigdemont, ha "exigido" al gobierno de España que libere a los presos independentistas que están en las prisiones, cuando el gobierno de España no puede realizar ese deseo debido a que no puede inferir en el poder judicial.

Es recurrente que veamos a independentistas decir que la justicia española no es independiente y que está manipulada, cuando la realidad es que los jueces en este sentido, en el catalán, tienen razones obvias para condenar los actos que se han realizado, puesto que están expuestos en las leyes y en la Constitución Española de 1978. Así mismo, los independentistas carecen realmente de educación cívica y ciudadana, puesto que ignoran que en cualquier constitución democrática existe un poder legislativo (crea las leyes), un ejecutivo (las aprueba y las pone en marcha) y un judicial (que se asegura de que las leyes aprobadas se cumplen).

Tampoco saben que en las Constituciones se recogen los derechos (derechos de todo ciudadano que pertenezca al Estado de dicha constitución), libertades (libertades por el hecho de ser "ser humano" y ciudadano del Estado) y obligaciones (como el ser un buen ciudadano y mantener el orden cívico y ciudadano respetando la Constitución y sus leyes).

Ejemplar de la Constitución Española aprobada en 1978. Esta constitución fue votada en 1977 por todos los ciudadanos españoles.

Los independentistas creen que son el bando bueno y el ganador. Pero opinan que las masas están por encima de la ley y que el proceso independentista es un rodillo que aplastará a los que rechacen significarse como amigos o como enemigos. Como se ha dicho muchas veces "El mal casi siempre gana porque los malos actúan y el bien es mudo". Pues eso, que debido a toda la publicidad y parafernalia independentista, están dando voz a mentiras y manipulaciones que, por el lado de aquellos que siguen la ley y luchan por sus verdadera libertad, se mantienen mudos o apenas hacen ruido; o, bien, les quitan la voz porque no interesa lo que tengan que decir. No es democrático decir que la masa o el pueblo ganarán a las leyes, eso no es democrático por mucho que se quiera repetir miles de veces. La realidad es que una turba que se intenta imponer al resto de la población no puede terminar en democracia, sino al enfrentamiento civil y que esa mitad silenciada y maniatada sea la pisoteada por una ideología que no es precisamente democrática.

Carteles comparativos y parecidos de diversas ideologías, aunque con cierta relación entre sí.
De izquierda a Derecha: Cartel independentista catalán publicado en 2017; Cartel de la Unión soviética
contra el capitalismo y reinado; y, por último, cartel español contra el socialismo y el comunismo durante
la dictadura franquista.

Alardean de europeístas. Pero cuando Europa les dio la espalda la acusaron de corrupta, totalitaria y represora de los derechos de los pueblos. Así es. Alegan que son europeístas, pero, sin embargo, quieren la independencia de un país que les alejaría de Europa por el simple hecho de que en los estatutos de la Unión Europea, para poder ingresar en la organización queda establecido que hay que pasar unos requisitos (económicos, sociales, de derechos humanos) y cierto plazo de tiempo. Tambie´n hay que añadir que no hacen ni caso a la Organización de las Naciones Unidas cuando ésta declara que Cataluña no entraría dentro de los países con derecho a la autodeterminación, pues como se sabe, solo tienen el derecho aquellos territorios que han sido colonia de un país matriz, ocupados por otros países o bien un pueblo o etnia sometido por otros de manera directa o indirecta. En el caso catalán, no existe posibilidad alguna de derecho a la autodeterminación. Y aun así, siguen exigiéndolo.

Quema de banderas de Francia, España y Europa en 2012 en Fossar de les moreres
(población catalana) por parte de independentistas catalanes.

Dicen que luchan por la dignidad de Cataluña, aunque la realidad ha demostrado que el proceso independentista no ha hecho más que señalar el ridículo de una población dividida a la mitad, con un presidente de la Generalitat "fugado" y no "exiliado". Hasta autoridades de diversos países han señalado que si de verdad su "president" apoyase y avalase la causa, jamás se tendría que haber ido de Cataluña y haber apoyado al pueblo en lugar de salir huyendo para no hacer frente a su responsabilidad como político e irresponsabilidad de saltarse las leyes estatales. Así mismo, no se puede luchar por la dignidad de una región cuando están ensuciando calles, bosques, ríos y mares con publicidad amarilla e independentista y no dando voz a toda la población.

Planearon el hundimiento de la economía española y el alza de la prima de riesgo. Pero acabaron sacando 160 € del cajero y pagando una comisión de 2 € por hacerlo. En serio, prueba de ello puede verse bajo estas líneas.

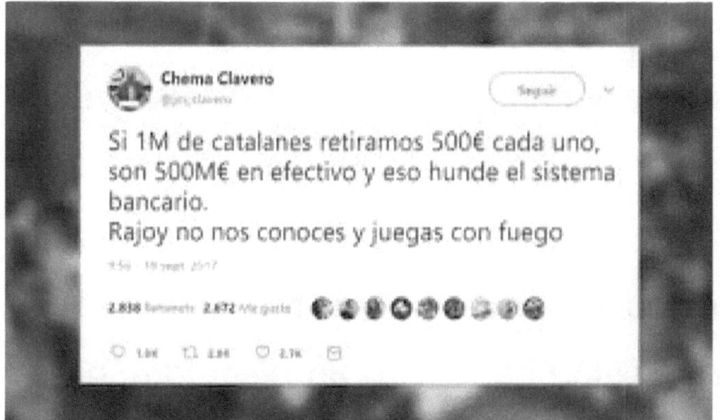

Político independentista en Twitter: *"Si un millón de catalanes retiramos 500 euros cada uno, son 500 millones de euros en efectivo y eso hunde el sistema bancario. Rajoy no nos conoces y juegas con fuego"*

Como puede verse, este fue un tweet anterior a lo sucedido posteriormente, sobre todo a los bancos Sabadell y La Caixa, ambos de nacimiento catalán, donde independentistas sacaron dinero, aunque algunos no se percataron que en otros bancos ajenos a los mencionados, si sacabas dinero, te cobraban comisiones y por lo tanto, el banco jamás saldría perdiendo. Y así pasó, apenas se notó esa burda idea y ridícula para una sociedad capitalista y supuestamente bien informada económicamente.

Hablan de respeto a la legalidad catalana. Pero han votado una declaración de independencia ilegal por mayoría simple y con la mitad de su Parlamento vacío. Es así la realidad. Hablan de cumplir el mandato que salió del 1 de Octubre y su respeto por parte del Gobierno español, pero la realidad es que se contradicen puesto que exigen un respeto que no han dado a las leyes estatales y que se respete sus decisiones basadas en ilegalidades. Algo muy democrático no es, eso creo que cualquiera estaría de acuerdo. Así mismo, en cuanto al parlamento vacío, recordemos que han sido evidentes las ausencias de C´s y PP en las votaciones realizadas como la supuesta declaración de independencia de Cataluña y su república.

Alardean sobre la corrupción del Estado español. Pero Cataluña es la comunidad española con un mayor número de corruptos encausados por los tribunales de justicia. Aquí la prueba:

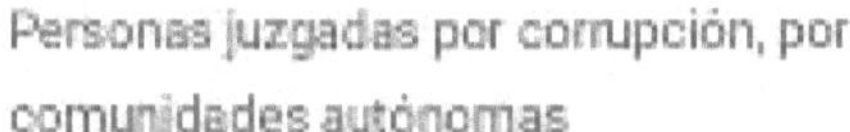

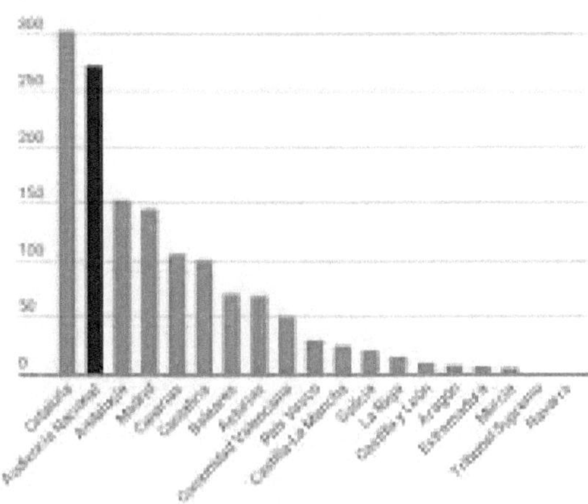

Fuente: Europapress.es. "Personas juzgadas por corrupción, por CCAA".

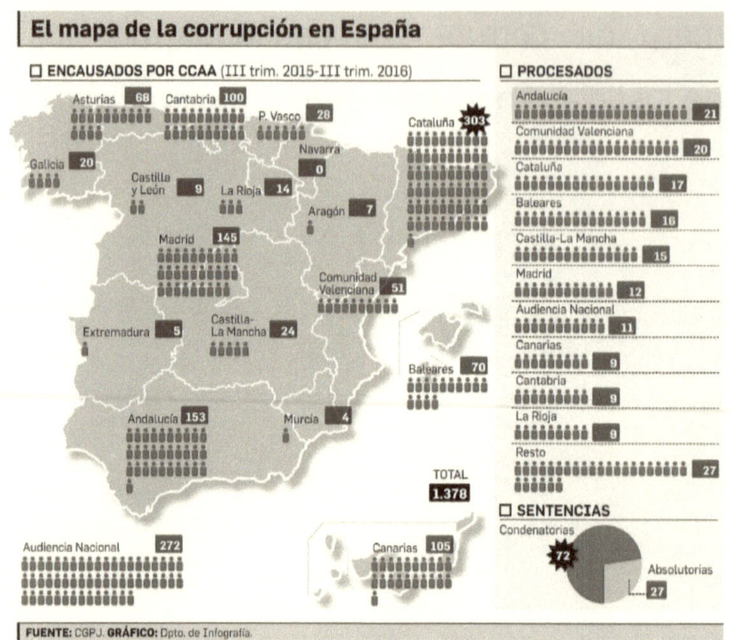

Fuente: CPG. "El mapa de corrupción en España".

Presumen de la vitalidad de su sociedad civil. Pero todas las organizaciones civiles nacionalistas catalanas han sido generosamente regadas con presupuesto público. Cierto, ahora mismo están abiertas investigaciones de posible malversación de fondos públicos a organizaciones como ANC o Ómnium cultural, donde el dinero dado por el Estado a la Generalitat podría haber sido desviado hacia estas organizaciones, conocidas por promover y publicitar la independencia en Cataluña.

Presumen de la ecuanimidad de su prensa regional. Pero una inmensa mayoría de los medios de prensa catalanes recibe subvenciones directas del Gobierno de la Generalidad.

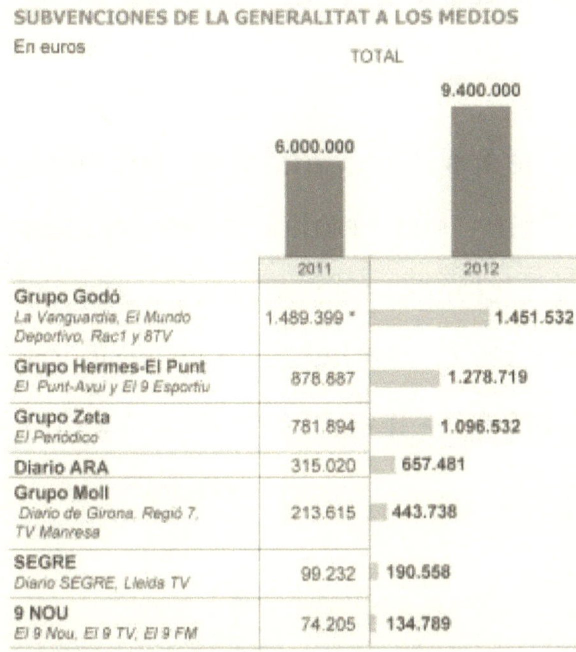

Cuadro donde se observa las diferentes empresas de medios de comunicación regionales catalanes y su relación y subvención de la Generalitat.

Principales medios de comunicación que dan publicidad y cobertura al independentismo
catalán. Ni uno de ellos da la versión de la mitad de la población no independentista en Cataluña.

Apelan al corazón de los demócratas, porque ellos son demócratas. Pero sus exdiputados siguen fantaseando con una violencia que vaya más allá de "las manifestaciones y las caceroladas". Y no solo los exdiputados. El llamamiento que hacen es más que solo salir a la calle.

Cartel del Partido independentista Arran, con la siguiente frase
"El tripartito de Lleida PSC, Ciudadanos y PP no nos dejan votar,
no obedezcamos. Assenyalem-los! (¡Señaslemosles!)

Corte de carretera de los CDR, grupo de ciudadanos por la independencia,
con una pancarta que reza lo siguiente: "Somos y seremos vuestro infierno".

Presumen de una cultura democrática superior a la española. Pero invitan a Otegi y se fotografían con él. Como se sabe, el señor Arlando Otegi fue un militante de la banda terrorista ETA (Euskadi ta Askartasuna: Euskadi y Libertad), la cual mató a más de 800 personas desde su nacimiento hasta el comienzo del siglo XXI. Otegi fue encerrado en prisión por enaltecimiento del terrorismo y terrorista y ser el líder de un partido político que apoyaba a la banda terrorista ETA.

En la foto, a la izquierda, Arlando Otegi, a la derecha, Carmen Forcadell, expresidenta del Parlament de Cataluña y actualmente en prisión por violar la constitución española.

En el letrero donde pone "Sí", podemos ver a la izquierda a Joan Tardá, militante de Esquerra Republicana de Cataluña (ERC) de signo actual independentista junto a Otegi, a la derecha.

Se atribuyen la representación de todos los catalanes. Pero sólo representan a una minoría de ellos. Tan real como cierto. Siempre es típico oírles hablar de "un solo poble" (un solo pueblo), de "el pueblo catalán" o el mal a "toda" Cataluña, cuando la realidad es que no representan ni el 50% de la población, solo hacen más ruido.

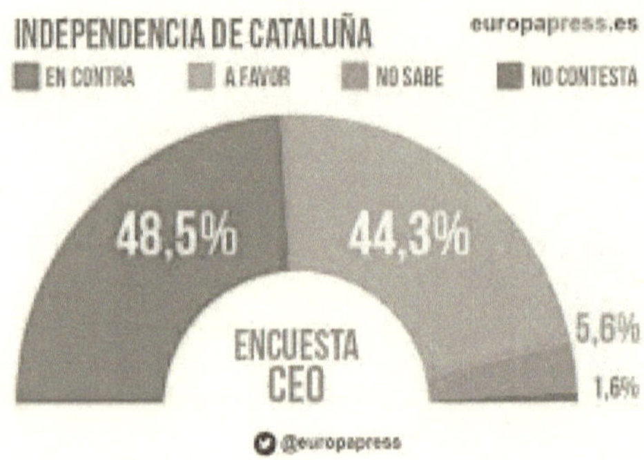

Encuesta CEO realizada por europapress.es.

Dicen ser encarcelados por sus ideas. Pero miles de catalanes, incluidos varios diputados del Congreso, tienen esas mismas ideas y nadie ha pedido su ingreso en prisión ni ha intentado acallarles jamás. Es más, ejemplos claros son Rufián y Joan Tardá (ambos ERC) que siguen teniendo su puesto en el Congreso de los Diputados en Madrid y no han sido increpados ni detenidos por sus ideas políticas.

Dicen que la república catalana ya está en marcha. Pero se presentan a unas elecciones autonómicas convocadas por Mariano Rajoy al amparo del artículo 155 de la Constitución española y con el antiguo

Gobierno de la Generalidad en prisión. Algo bastante ilógico, teniendo en cuenta que si de verdad fuesen una república y tuviesen derecho a ella, se habrían negado a votar en las elecciones autonómicas del 21 de diciembre de 2017 y, sin embargo, como el resultado les ha salido favorable por la ley de votación, la han aceptado de buen grado bajo el amparo de la ley del Estado español.

Hablan de represión. Pero fue Joaquim Forn, el jefe de los mossos, el que amenazó el pasado 11 de octubre con lanzar a la policía autonómica contra la nacional con la frase "si hay buena voluntad y se acepta la nueva realidad política [en referencia a una independencia de facto] no habrá ninguna colisión entre policías". Cierto, además, hay que recordar que los mossos de esquadra no hicieron nada en el 1 de Octubre para rebajar las tensiones ni ayudar a la policía nacional, más bien algunos avivaron las confrontaciones y rechazaron la orden establecida por un juez. Ninguno de ellos actualmente está en prisión por no cumplir con su deber.

Aluden a un Gobierno democrático legítimo. Pero se refieren al mismo Gobierno que aplastó los derechos de la oposición y los ciudadanos de Cataluña los días 6 y 7 de septiembre violando su propio Estatuto de Autonomía (leyes que gobiernan por debajo de la constitución española en cada comunidad autónoma de España).

Hablan de respeto a las leyes y a las personas, pero, sin embargo, acosan y obligan a cambiar de residencia al juez instructor del actual caso del 1 de octubre, el juez Llarena; así como toda su familia ha sido víctima de persecución, acoso, humillación e insulto. Actualmente el juez Llarena vive en Madrid con su familia debido a las presiones y amenazas, insultos y persecuciones.

Pintada frente a la casa en Gerona del juez Llarena, llamándole
cosas tales como "feixista" (fascista).

Cori 𝕏 𝕏 𝕏 𝕏 @csaune · 1h
La dona del fill de puta de'n Llarena és
Gema Espinosa, directora de l'Escola
Judicial a Vallvidrera (al costat de
l'Observatori Fabra). Viu a Sant Cugat
(on ve el fdp els caps de setmana).
Cal difondre-ho perque han de saber
que no podran anar pel carrer a partir
d'ara!!!!

◯ 11   ⟲ 22   ♡ 21   ↑

Tweet de una usuaria independentista con el siguiente mensaje (traducido) *"La
señora del hijo de puta de Llarena es Gema Espinosa, directora de la Escuela
Judicial do Vallvidrera (al lado del Observatorio de Fabra). Vive en Sant Cugat (se
ven los fines de semana). Difundirlo porque han de saber que no podrán ganar a
partir de ahora"*.

Han presumido de contarle la verdad a los catalanes. Pero mintieron en cuanto a la viabilidad económica de una Cataluña independiente y cuando ninguna de sus otras fantasías se hizo realidad recurrieron a vídeos melodramáticos, escenificaciones hiperventiladas frente a las cámaras de televisión y un desacomplejado uso de la cursilería. Famoso es el vídeo de "Help Catalonia", donde incluso incluyeron manifestaciones a favor de la mujer otros altercados que ni siquiera tuvieron lugar en Cataluña.

Son un movimiento transversal e inclusivo. Pero han clasificado como franquistas a figuras culturales como Serrat (sabidamente republicano y de izquierdas vetado durante el régimen franquista), Sabina, Frutos, Llamazares (juez que está en contra de la independencia y que logró meter a muchos etarras (ETA) en la cárcel), la UE, Borrell (político del PSOE, actual ministro de asuntos exteriores y catalán de nacimiento), los catalanes no nacionalistas, el PP, el PSOE, Ciudadanos.

Igualmente lo han hecho con asociaciones culturales en contra de la independencia de Cataluña como Sociedad Civil Catalana.

Dicen rebelarse contra el poder. Pero todas sus manifestaciones, huelgas y concentraciones han sido diseñadas, organizadas y financiadas por el régimen que ha gobernado en Cataluña durante cuarenta años ininterrumpidos. Y no nos olvidemos que esta supuesta "revolución" ha sido erigida y pensada para ocultar los casos de corrupción que salpicaban a los políticos en el poder en Cataluña y alentada por la burguesía (con dinero) catalana.

Presumen de tener presos políticos en las cárceles españolas. La realidad es que fueron avisados varias veces de que promulgar la República catalana supondría penas de prisión porque estaban incurriendo en la ilegalidad y cometiendo delito, y a pesar de los múltiples avisos dados, no hicieron caso y, el que haya actualmente políticos metidos en prisión por sus delitos, es por su propia responsabilidad y porque sabían lo que pasaría. Actualmente, estos presos están internados en prisiones en territorio catalán y bajo administración de la Generalitat, por lo que realmente la excusa ya no les vale de nada… si pudiesen, ya los habrían soltado si de verdad fuesen una república y el pueblo tuviese el mandato y el poder.

6. A MODO DE CONCLUSIÓN

Ningún independentista con el que he conversado sobre cualquiera de los temas del independentismo, ha sido capaz de desmontar racionalmente mis argumentos o darme otras razones más pausibles o ciertas sobre el tema en cuestión. Y he podido constatar el sentimentalismo irracional de sus argumentos y lo profundamente arraigada que está la idea de que en Cataluña si no eres independentista, eres facha y anticatalán, poniendo así a los mismos catalanes no separatistas en la posición de traidores, como ya ocurrió con los católicos en Alemania o en los Países Bajos... aunque allí era mucho peor, los ahorcaban en público.

Generalmente los argumentos han sido que "estoy adoctrinada como los fachas" (maniqueísmo sectario), que "los odiamos" o que "no los entendemos" (victimismo), que "quieren un cambio a la situación actual" (romanticismo iluso), que "prefieren que les roben los catalanes" (infantilismo) y que se "sienten catalanes", todos ellos argumentos irracionales por lo emocionales, como si tal cosa pudiera existir. Cierto es que cualquiera tiene derecho a sentirse catalán, extremeño o celta, pero ese derecho no da derecho a saltarse el Código penal, el Código civil y la Constitución. Yo puedo sentirme de Soria pero ese derecho no me da derecho a poner una frontera, o a saltar impunemente sobre un coche de la Guardia civil hasta destrozarlo, cosa que ha ocurrido en Cataluña sin que nadie haya sido denunciado por ello. El sentimiento de pertenencia a un territorio o tradición no es justificación para desobedecer a una legislación cualquiera que sea. Y también muchos han pasado rápidamente, cómo no, al argumento en el que parecen estar entrenados.

Da lo mismo si les das las explicaciones racionales y comprobables en cualquier documento, no les servirá, no ven lo que les muestras y, a menudo, aluden a la falta de objetividad de los medios españoles, como si los suyos fuesen ecuánimes y solo hablan de independencia (creedme, para los que no tenemos sentimientos nacionalistas alguno, hay más temas en el mundo y más países y personas). Pero ya sabemos que cuando se razona con las emociones, no hay justificación racional que valga, ellos hablan desde su completo convencimiento de que lo que les han contado y han creído es la realidad y la verdad, no son capaces de razonar ni de realizar autocrítica alguna de lo que dicen o les dicen. Aunque en mi humilde opinión, siempre hay salvación para cualquiera y todavía están a tiempo de ver la verdad y la realidad por muy fanatizados que estén.

Con este libro he querido dar mi versión de todo lo que sé, he leído, vivido, escrito sobre la situación catalana, siempre desde la objetividad, basándome en documentos históricos, en hechos más que en palabras que no llevan a nada y solo se hablan desde el corazón. Todos sabemos que España no es perfecta, pero no hace falta inventarse más defectos de los que tiene ni mentir sobre las cosas buenas que tenemos.

Porque hasta el día de hoy, hay más cosas que nos unen a los catalanes independentistas de las que nos separan, pero algunos han sabido explotar los miedos y las inseguridades de una parte de la población catalana y usarlos como cócteles molotov contra la otra mitad de la sociedad catalana y los españoles para conseguir sus fines, en muchos casos, mantener su dinero en paraísos fiscales, su impunidad ante los delitos cometidos y que no entren en la cárcel por corrupción (caso Arthur Mas).

Esperemos que esto sea solo una mala broma histórica y que el propio nacionalismo caiga por su propio peso, desvelando él mismo sus mentiras y falsedades y que se dejen de usar a personas inocentes, ya sean cultas o no, para sus fines. Puesto que una Cataluña independiente no sería bueno Cataluña, pero tampoco para España, pero peor sería para Cataluña y no deseo eso a nadie, nadie merece pasar hambre o vivir mal en un país por el capricho de sus líderes y sus sueños alocados de un mejor futuro para ellos mismos y no para el pueblo.